服装工业工程生产与质量管理

宋莹 著

中国纺织出版社有限公司

内 容 提 要

本书简要介绍了精益生产概念和服装制造业发展现状，针对服装精益生产的布局规划、实施基础、改进方法和实施保障进行了理论结合实际的论述；并结合实际案例讲述了成衣加工企业运用精益生产理论优化生产流程。

本书注重阐述精益生产理论在服装企业中的应用和案例解析，是一本可读性强、具有理论分析和实用价值的服装管理类专业书籍，也可作为服装管理和技术人员进行精益生产改革的参考资料。

图书在版编目（CIP）数据

服装工业工程生产与质量管理 / 宋莹著 . —— 北京：中国纺织出版社有限公司，2022.11

ISBN 978-7-5180-9973-3

Ⅰ．① 服… Ⅱ．① 宋… Ⅲ．① 服装工业—生产管理 Ⅳ．① F407.866.2

中国版本图书馆 CIP 数据核字（2022）第 201697 号

责任编辑：范雨昕 陈怡晓 责任校对：楼旭红 责任印制：王艳丽

中国纺织出版社有限公司出版发行
地址：北京市朝阳区百子湾东里 A407 号楼 邮政编码：100124
销售电话：010—67004422 传真：010—87155801
http://www.c-textilep.com
中国纺织出版社天猫旗舰店
官方微博 http://weibo.com/2119887771
三河市宏盛印务有限公司印刷 各地新华书店经销
2022年11月第1版第1次印刷
开本：787×1092 1/16 印张：7.25
字数：153千字 定价：58.00元

随着机械化、自动化等先进技术在成衣工业中的应用，成衣的生产方式正由传统的劳动密集型向技术密集型转化，未来的成衣生产企业将运用自动化技术、现代管理技术、信息技术、系统工程技术，使各生产要素有机地结合起来，形成新的成衣生产系统。因此，加强服装企业的技术管理力度，加快服装行业技术人才的培养愈加重要。

本书结合工业工程在服装企业中的发展与应用现状，系统介绍了工业工程的历史沿革、研究方法，以及工业工程在服装企业生产与质量管理中的实际应用内容与方法。本书内容全面、系统、实用，对服装企业加强管理、提高产品质量、增强产品的市场竞争力具有一定的指导意义。

同时，为了满足服装企业技术管理及技术人才培养的需要，本书根据我国服装企业技术管理的实际情况，参考了国内外有关资料，系统介绍了服装企业各个生产环节技术管理的基础理论、基本内容和应用方法，在内容上力求新颖、系统和实用。

本书广泛吸收了国内外服装品牌企划理论研究与实践应用的最新成果，参阅和引用了国内外相关文献资料，在此谨向这些作者表示深深的谢意！

由于作者水平和工作经验有限，书中难免有不妥之处，敬请各位专家、读者批评指正。

宋莹

2022年7月

目 录

第一章　服装工业工程

第一节　服装工业的发展

一、服装工业的发展概况

服装工业是纺织工业的终端行业，在纺织工业和整个国民经济发展中占有十分重要的地位。随着科学技术的发展，计算机系统控制、机器人、新材料等高新技术也逐步应用于服装工业，服装工业在满足人民生活需要、扩大出口创汇、为国家积累资金等方面将发挥更为重要的作用。

人类早期的"衣食住行"是采用自给自足的方法，服装的主要作用是遮体和御寒，以手工制作为主。随着人们共同生活、集体居住，人们的穿着观念发生了变化，社会出现了分工，亦出现了专门从事服装缝制加工的工业生产体系。目前，服装工业生产规模越来越大，已成为当今世界解决人们衣着的主要手段。

二、服装工程概况

服装工程是我国服装工业新兴起的一门管理学科，服装工程是伴随着缝纫机的诞生而开始的。1790年，英国人托马斯·山特发明了世界上第一台于摇链式线迹缝纫机。1850年，美国人梅里特·胜家设计制造出了第一台全金属锁缝线迹缝纫机，转速可达600r/min。从某种意义上讲，全金属锁缝线迹缝纫机的诞生和使用，开创了服装加工以缝纫机为主的半机械化生产的新纪元；同时，也为服装工程的产生奠定了必要的物质基础。

电动缝纫机的广泛采用，使服装加工速度大幅加快，促进了生产能力的成倍提高。由于服装加工能力随着缝纫机的逐步改进而不断增长，以小作坊形式为主的服装加工方式的不少弊病就暴露出来了，其中最突出的矛盾就是这种生产形式不能适应服装加工任务不断加大的需要。于是，又提出了作业分工的改进方案，让一部分人专门从事裁剪，一部分人从事缝纫，一部分人从事整烫，这就是服装工程的雏形。

服装工程的正式形成是从20世纪40年代开始的。40年代初，电动缝纫机转速从原来的1500r/min提高到3000r/min，又从3000r/min提高到5000r/min。同时，缝纫机的功能也从原来的单一型发展为多用型。

第二次世界大战爆发后，为了使服装加工能满足战争需要，机械行业的工程师提出了一些新的见解：首先，要改变以往小生产作坊的加工形式，必须将服装工厂的规模扩大；其次，必须对加工的服装进行工序分解。例如，要将一件上衣或一条裤子的加工过程分解成一个个具体的工序，然后按照工序的分工再由几个人甚至十几个人分别操作，共同完成一件服装的加工；最后，服装加工应该采取流水线作业形式。从此，服装工程正式形成。

20世纪60年代以后，服装加工的机械化、自动化程度不断提高，70年代联邦德国等国家缝纫机的转速达到了8000r/min；80年代一些国家缝纫机的转速（如日本兄弟缝纫公司生产的EF4—B611型包缝机）已突破了10000r/min大关。同时，缝纫机的发展又开始向专用化、多用化和智能化方向发展。日本东京重机公司等又分别开发了数控缝纫机，这些缝纫机主要用来缝制衣服的特定部位（如领、袋、袖、门襟等）。

20世纪70年代以后，人们对服装的需求越来越高，发展和完善服装工程理论用来指导服装企业的生产实践，已经作为一项新的任务摆在企业管理者的面前。国外不少服装企业将服装工程作为一门管理学科加以研究，例如：生产类型的确定、流水线形式的选择、生产组织的布局、人机配置、工艺流程、动作分析、时间研究等，从而最终指导服装企业生产和经营的各种实践。

我国服装工程理论研究工作起步较晚。目前，类似服装工厂厂址选择、规模大小、车间布置、流水线确定、人机配置、动作分析、时间研究等属于服装工程范畴的课题，正在进行研究并用于指导服装生产，这就大幅加快了服装工业向现代化大生产管理迈进的步伐。

第二节 服装工业现状与发展方向

一、国内服装工业现状与发展方向

1. 国内服装工业现状

我国的服装工业是在手工业的基础上发展起来的，经过多年的艰苦奋斗，已经形成了一个比较完整的独立生产体系。大体经历了两个阶段：第一个阶段是从新中国成立初期至1978年，服装企业采用手工和半机械化手段进行生产，产品以内销为主。这一时期成衣化水平低，服装由商业部门和外贸部门包销，出口服装品种少、批量大、档次低。第二个阶段是1978年以来，由于改革开放政策的实施，使服装工业发生了巨大的变化。党和政府高度重视，把服装工业确立为我国消费品工业发展的重点之一，服装工业在"大纺织"中的"龙头"地位被逐步认识和确立，服装工业的发展逐步纳入依靠科学技术进步的轨道，使服装工业的科技水平上了一个新台阶。

服装工业已经形成全民、集体、个体和中外合资与合作多种经济成分并存，生产、教育、科研、信息配套，以大中企业为骨干、小企业和乡镇企业为重要力量的服装工业体系。其发展趋势正走向国际加工和自主设计生产并重的阶段。我国现有服装企业达4.4万个，职工总数386万人，拥有各种缝纫设备250万台（套），年服装生产能力85亿件。1995年服装及衣着附件出口创汇就达240亿美元。但由于我国服装工业发展历史较短，各方面基础较为薄弱，与发达国家相比还存在进步空间。主要表现在：

（1）服装行业的整体设备仍显陈旧。一些企业近些年虽然购置更新了一些较先进的设备，但配套性差；引进整套先进流水线的尚不多。设备的自动化程度低，一些产品的质量没有保证，服装机械不能适应高附加值生产的要求。

（2）面辅料及服饰配件品种单调。尤其是国产辅料性能较差，规格品种不全面料的质量不稳定，后整理技术不过关；服饰配件基本上还停留在模仿的水平上，以致服装产品档次不高，"大路货"产品多。面料设计生产与服装款式设计生产各不相干，其配套性、系列性开发工作较差。

（3）工艺技术落后，生产管理落后，生产效率较低。即使是一些引进全套设备的企业，其生产组织方法与工艺也只是照搬外国供货公司提供的设计，不是根据自己的条件和服装工艺特点组织生产，因而流水线生产效益仍不理想。

（4）技术力量薄弱，职工整体素质不高。设计、生产、管理、销售等方面受过专业训练的人数比例远远低于其他纺织行业。一些企业职工队伍流动性大，从业人员整体素质较低。另外，对服装面辅料的可加工性及成衣舒适性的研究，信息研究以及重视高等服装教育等诸多方面，还有待于进一步加强。

2. 国内服装工业发展方向

今后一段时间内，我国的服装工业要加快现代企业制度的建设，并依靠科技进步，加快技术进步步伐。要在科学化管理、对科技工作的重视和发展上花大功夫。采用先进的技术和设备，引进先进的管理和工艺技术，重视服装CAD/CAM在服装行业的普及。继续进行适合各类材料服装的专用型设备研制和缝纫工艺研究。重视消化吸收引进的专用设备和制作工艺技术，尤其是差动式平缝机、宽幅黏合机、花式缝纫机及多功能计算机缝纫机等。改进或研制专用小工具如压脚器、卷边器等，以提高现有缝纫质量、加工精度和附加值，提高经济效益，并使各道工序与国际规范接轨。结合企业实际情况，继续实施组合最佳结构的生产组织和流水线是服装厂适应多品种、少批量市场需求的重要一环。

服装是一种涉及多个生产部门的产品，要以市场为纽带，密切纺织和服装的联系，加快面料、辅料开发步伐，使其协调发展。

二、国外服装工业现状与发展方向

1. 国外服装工业现状

当前，服装工业正处于从传统手工业生产向现代化工业生产发展的历史转变期。各种先进科学技术已经渗透并应用于这一领域。在发达国家，计算机技术的广泛应用引起了生产设备及生产技术的深刻变革，各种机械与电子相结合的专用缝纫设备和配备电子控制单机的生产流水线逐步取代了一般的缝纫机械，并向全系统自动化和计算机化发展，其基本特征表现在以下两方面：

（1）计算机在服装生产上的应用日益普及。CAD/CAM系统在使用中更趋完善。

（2）设备运转速度不断提高，专用机和全自动无人操纵机已经出现，在劳动生产率持续提高的进程中劳动强度不断下降。

生产管理现代化，重视现场情报收集、分析和处理，使生产更加科学合理，出现了自动化集成生产系统CIMS。整个服装工业正面临从机械化向自动化的全面改造，这是工业发达国家服装业能得以生存的唯一手段，因此将最大限度地应用计算机技术和先进的工艺、设备，实现服装业由劳动密集型向智力密集型工业的转变。

2. 国外服装工业发展方向

（1）在成衣设计上，将普遍采用交互方法完成。将各种衣片资料存入计算机内，设计人员可随时将这些衣片显示在计算机终端，并按需要进行修改和装配，从而达到一件新款服装的完整设计。若立体测量系统能与之联接，则将实现服装设计全过程的自动化。

（2）在制衣工程中，自动和半自动的缝纫机、数控机台、二维平接缝和轮廓线的定位及其合并操作的自动化设备已有很大进展。如日本已经研究开发了服装自动化缝制系统，将立体空间缝合法、缝纫机与黏接剂并用的缝合法、多功能缝合头系统等新型缝纫技术综合利用，使缝纫过程基本无人操作，大幅度提高了生产率，并符合小批量、多品种的发展趋势。

（3）以量定产，缩短交货期。美国服装界预测，若把目前的新型服装从面辅料开发至投放零售市场的时间缩短一半，将使生产成本大幅度下降。因此，美国正在开展服装生产效益的技术研究，其中根据需求确定生产的技术，就是研究软件和系统原型，借以把各公司与一条龙的销售、推销和商业合作者联系起来。

（4）不断加快推进服装功能和舒适性的研究。服装功能及舒适性的研究在发达国家也在加快进行并付诸实施，且成果颇多。

第三节　工业工程概述

一、工业工程介绍

工业工程（industrial engineeing，IE）是20世纪初出现的一门工程学，它是对人所从事的工作系统进行设计、分析、改进和管理的工程学。

1. IE的实质

（1）对象不是一般的孤立事物，而是一个系统。

（2）这个系统是由人、原材料、机器设备等重要因素组成的（这里是指生产系统，也可能是其他系统，如社会服务系统），人是这个系统的主体。

（3）研究、设计、改进这个系统使之更加合理化，产生更好的效益，是IE活动的方针和目标。

（4）为实现上述目的IE运用一套科学的分析、测定和实验技术。

2. IE的研究目的

IE是研究"人"的工作系统，其目的是要最有效地节省资源和最大限度地节省工作时间，减轻工人的劳动强度，提高劳动生产率。

3．IE的研究对象

IE是以生产过程为对象，以提高生产率和降低成本为目标，并以保证人的安全和健康为前提，运用系统分析的方法，研究生产过程，以实现最优化和标准化管理。

二、工业工程的产生及发展情况

IE起源于美国，是在美国泰勒的"时间研究"和基尔布雷斯夫妇的"动作分析"的基础上发展起来的一门工程技术，也是一项实用技术。1917年美国IE工程师学会成立时，只有很少企业开展了这项工作，当时是以生产现场的作业为中心，其技术方法是以提高本企业的工作效率和降低成本为主要目标的。

20世纪40年代以后，尤其是第二次世界大战以后，由于资本主义各国复兴工业的客观需要，IE技术充实了许多对企业合理化的有用方法，并用现代技术手段武装起来，取得了很大进步。它的应用不仅由制造部门扩大到管理部门，而且连运输、仓库、商店、超级市场、银行、公司、企业情报系统、医院、学校、公共服务机构等部门都应用起来。

进入20世纪70年代后，IE技术不仅吸收了系统科学、信息科学、计算机科学、运筹学及人类工效学等新技术科学与方法，而且把制造技术、生产工程和管理科学等新学科、新技术融合在一起，成为一门跨学科的综合性工程科学。

几十年来，IE技术在美国的发展表明，它是大工业发展的必然产物。IE在美国成功应用的经验很快传播到其他国家，如英国、法国、日本、澳大利亚等国，他们在20世纪前半期已相继采用了。70年代以后，如墨西哥、秘鲁、哥伦比亚、新加坡、韩国、印度也相继推广，我国港台地区也建立了IE教育体制，在应用IE方面取得了明显成效。IE已成为工业发达国家企业中不可缺少的管理方法。IE技术人才，也是当时工业发达国家最迫切需要的人才之一。由于IE的应用所产生的明显效果，使这项技术的应用范围迅速扩展，许多国家的企业家都意识到，要进行科学管理，首先就要应用IE，IE是科学管理的精髓，可以说推行IE已成为企业发展的必由之路。近年来我国有关部门和企、事业单位已开始不同程度地开展IE工作，并收到十分显著的效果。

三、工业工程在我国的推广与应用

实际上，在许多企业里，从技术到管理，自觉不自觉地运用了属于IE范畴的技术和方法。例如工厂设计、工艺革新、生产和库存管理、定置管理、测时、劳动定额标准化等都是IE的内容。另外，在高等教育方面，我国理工院校的管理工程系（以前叫工程经济系）和财经院校的工业经济系大都以培养既懂技术，又懂经济的管理人才为目标，开设的课程也有许多是与国外工业工程系的课程一致或相近的，尤其是与生产管理有关的课程中还包含有早期工业工程的"方法研究"等内容。但在我国始终未能建立起正的教育体制，更没有达到有组织、有领导地普及推广的程度，这是我国未能广泛、系统地应用IE的一个重要原因。

改革开放以来，通过国际间的科技交流和经济合作，IE技术迅速传入我国。一批在国外进修IE的学者陆续学成回国，在各自的工作岗位上运用IE知识，在科研和生产中发挥了作用。IE技术在我国开始迅速传播，出现了前所未有的好形势。

四、工业工程推广与应用的意义

IE之所以受到人们的普遍重视，就是因为它具有其他工程技术所无可比拟的作用，这主要表现为：

1. IE是一门提高效率的技术

无论是一个国家或一个企业，要扩大生产、发展生产，一般来说有两条途径。一条是靠资金投入，进行基本建设，这就是人们常说的外延式扩大再生产；另一条就是靠改进管理，走挖掘潜力、革新、改造的路。这两条路对我们都是需要的，但有一个现实的问题，从中国的实际情况出发，大多数企业在一般情况下，只能用后一种办法来发展生产，也就是说，企业主要应该靠改进管理、挖掘潜力的办法提高生产率。IE正是符合这个要求的一门提高生产率的技术。它通过重新组织工作系统的方法，达到提高生产率的目的，是一种不需要投资或只需少量投资就能提高效率、产生效益的方法。我国工业目前正面临从粗放经营到集约经营转型的关键时期，提高效率和效益是关键时期的关键问题。因此可以说，推广应用IE技术既适合我国国情，又适合当前的发展需要。正是企业挖掘潜力，实现内涵扩大再生产的理想技术。

2. IE是制订工作标准的科学方法

应用IE的方法和程序制订的工作标准，不仅先进、科学、合理，而且标准的制订过程就是该项工作的改进过程。它不是描述现状，而是从改进现状入手，通过一系列改进之后，用标准的形式把改进的成果定下来，加以坚持和推广，这是应用正制订的工作标准同以往的工作标准在方法上和标准的本质上的最主要区别。应用IE制订工作标准，能收到立竿见影的效果，且随着IE在应用中的不断循环，效果也不断提高。过去的标准化效果，是在标准实施以后也不容易表现出来，运用IE制订的工作标准与效果同时诞生。

3. IE是企业管理的基本技术

IE技术及其所取得的研究资料，对企业实行计划管理（查定生产能力）、劳动管理（制订劳动定额标准）、设备管理（挖掘设备潜力）、生产组织（平衡生产能力）以及改进车间布局、克服薄弱环节、开展技术革新和生产合理化都有极重要的作用，它既是科学管理的核心内容，又是企业的一项基本的管理技术。因此可以说IE是企业科学管理的基础。

4. IE是对企业生产现场进行考核的诊断技术

IE是管理部门考核企业（如对认证企业的审查）的最实用的技术，同时也是任何组织着手解决低效问题的最有效的工具，是企业诊断师的基本技能，对标准化工程师来说，同样应该成为一项基本技能。

5. IE是一种解决问题的通用方法

IE的研究方法和研究程序，简单来说就是首先发现问题，然后从各个角度探求解决问题的途径和办法，它有一套思考问题的规则和工具，使人们能够做到不放过任何一个影响因素，迅速捕抓到改进的可能对策，这种方法当初被用来解决提高 生产效率问题，现今已成功地用到任何有体力劳动的地方和有人参与的工作系统，不仅是加工工业，而且适用于办公室、仓库、试验室，以及批发和零售商业、服务行业，甚至适用于军队和政府机关的管理。

五、工业工程的基本思想

IE除了有一整套工具和工作程序之外，还有经过多年实践形成的基本思想，这些思想虽然没写进IE的方法和技术中去，但它是开展IE所不可缺少的，这是IE的灵魂或者也可叫作IE精神，是IE的宝贵财富。大体上可归纳为：

（1）眼睛向内（指企业内），靠挖掘潜力提高生产率。

（2）永不自满、永无止境的改革意识和进取精神。

（3）任何工作总会找到一种最佳方法。

（4）从全局出发，追求系统效益。

（5）提倡协作精神，不搞单枪匹马（在企业开展IE要同标准化、生产管理、劳动管理、新产品开发、技术改造、合理化、增产节约等活动相结合，才能收到更好效果）。

（6）凡事问个为什么?企业里有许多事（如车间布置、运行路线、工艺方法等）原来就不合理，但习以为常之后，反而会觉得不是问题了。问题意识，是IE工程师必须具备的一项基本功。

（7）取得工人的理解和支持是成功的保证。任何情况下不许秘密进行。

（8）人人动脑筋，时时寻找更好的、更容易做的方法；处处想着节约材料和时间——培养效率意识。

（9）不能容忍任何形式的浪费，不放过一点一滴的节约。这是IE成功的基础。

（10）不能以"过去一直是这么干的"为理由拒绝改革。

（11）IE活动的成果一定要制订成标准。

（12）无条件地按所规定的标准做自己的工作。

以上可概括为IE的四个意识，即问题意识、效率意识、改革意识、标准化意识。在企业里能否培养起这些意识，是决定IE成败的关键。

六、工业工程的基本程序和范畴

（一）工业工程的基本程序和循环步骤

1. 工业工程的基本程序

（1）选择研究对象（目的是解决其中存在的问题）。

（2）采用最适当的记录方法，对所研究对象的状态直接观察，做出真实记录（必要时应对记录进行核实）。

（3）分析记录下来的所有情况，寻求最有效、最理想的工作方法。

（4）运用作业测定技术，计算出按所选定方法进行工作的时间。

（5）根据（3）（4）制定工作标准。

（6）采取适当的管理程序，贯彻实施该项工作标准。

（7）对标准的实施情况进行检查，及时加以修改完善。

2. 工业工程研究程序的循环步骤（图1-1）

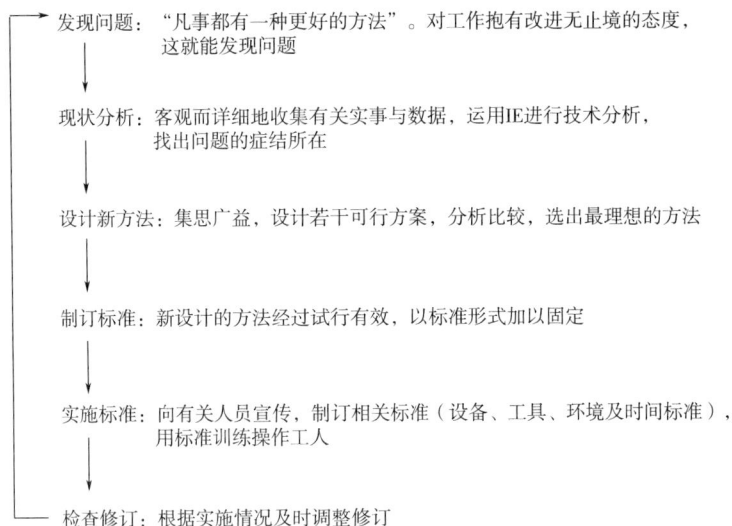

发现问题："凡事都有一种更好的方法"。对工作抱有改进无止境的态度，
　　　　　这就能发现问题

↓

现状分析：客观而详细地收集有关实事与数据，运用IE进行技术分析，
　　　　　找出问题的症结所在

↓

设计新方法：集思广益，设计若干可行方案，分析比较，选出最理想的方法

↓

制订标准：新设计的方法经过试行有效，以标准形式加以固定

↓

实施标准：向有关人员宣传，制订相关标准（设备、工具、环境及时间标准），
　　　　　用标准训练操作工人

↓

检查修订：根据实施情况及时调整修订

图1-1　IE研究程序的循环步骤

这是一个永无止境的循环过程，是工业工程活动的一般规律，也是一项工作标准产生的必要程序，这两项工作是同时进行的。在IE中蕴含着标准化过程，标准化又成了IE的成果和实施的保证，这就是运用IE制订工作标准并不断地修订标准的过程。

（二）工业工程的范畴

工业工程的范畴是由方法研究和作业测定两项技术组成。

1. 方法研究技术

方法研究技术是指用于确定最佳作业方法的一系列研究技术，它包括：

（1）工序分析。对整个生产过程或一项管理工作的全面分析。

（2）作业分析。对同一工作地上的工作进行分析。

（3）动作分析。将过程分解为基本单元直到手指的动作分析（对整个过程的某一局部的分析）。

这个分析程序是由粗而细、从总体到局部的过程。先进行工序分析，将多余的、重复的工序取消或合并，使整个生产过程合理化；再进行作业分析和动作分析，使操作达到省时、省力的目的。在此基础上便可确定标准作业方法。

2. 作业测定技术

作业测定技术是指用于确定按上述标准作业方法进行作业时所需时间的测定技术。

一般的程序是先进行方法研究，制订标准作业法，然后测定其所需时间，但在进行方法研究时，常需运用作业测定技术对原方法中浪费时间的状况进行分析，以及对选定的新方法的效果进行比较和评价。

工业工程的范畴以及其与工作标准的关系如图1-2所示。

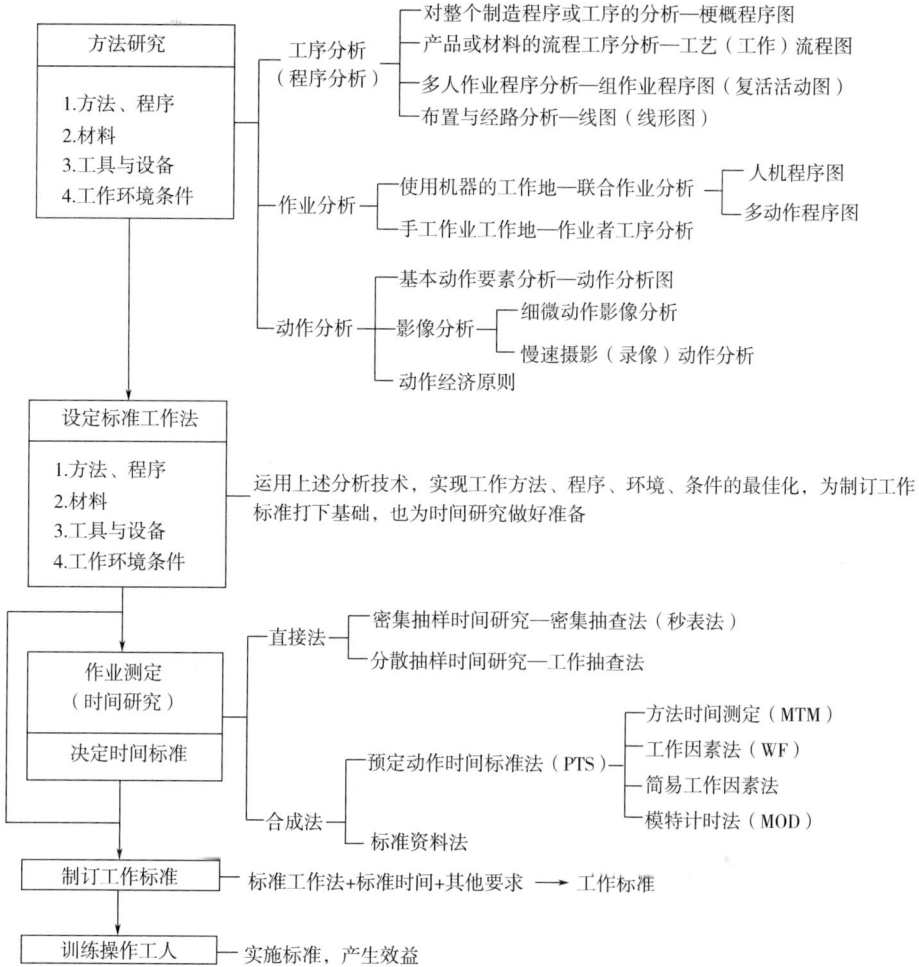

图1-2　工业工程的范畴及其与工作标准的关系

第二章　工业工程方法研究

第一节　方法研究概述

一、方法研究的定义

方法研究是指运用各种分析技术，对工作方法进行分析、设计和改进，寻求最佳的工作方法并使之标准化的一系列活动。

二、方法研究的目的

（1）改进工作（作业）的工序和程序。

（2）改进工作（作业）场地的布置和工具、设备的设计。

（3）消除一切浪费，最大限度地节约资源、节省时间。

（4）减少不必要的疲劳，减轻劳动强度。

（5）提高原料、设备的利用率，提高生产效率。

（6）改善工作环境，实现文明生产。

三、方法研究的特点

1. **方法研究的求新思想**

求新思想是指它从不以现行的工作方法为满足，总是力图改进、变革，创造出一种比较理想的工作方法。但是，这种求新又不是脱离实际的，而是以实事求是的科学态度去研究问题，改进工作。

2. **方法研究具有系统性**

方法研究不是孤立地研究某个局部的问题，而是从整个过程来分析问题，着眼于改善整个工作系统、生产系统。自然，生产过程中的所有作业或操作也都适用于方法研究。

3. **方法研究的着眼点是挖掘企业内部潜力**

方法研究力求在不增加人员、不增加设备、不增加投资的情况下，以工作分析为手段，借助改善现行方法和改进管理来发展生产。

4. **方法研究致力于工作（作业）的标准化**

标准化就是把通过方法研究而且经实践证明是一种理想的工作方法固定下来，定为标准，用它来作为训练和考核职工的依据，统一工作步调，提高生产效率。

5．**方法研究适用于管理工作**

在管理业务工作上可以运用方法研究寻求合理的业务流程和工作方法，以求工作的改进和实现管理业务标准化。

四、方法研究的一般程序

（一）提出问题

企业中的标准化工作者和IE工作者都须具有问题意识，要能不断地发现问题、提出问题并进而协助企业领导解决问题，使企业立于不败之地，这是方法研究的灵魂。

（二）调查准备

包括明确调查内容、准备用具和调查表、统一调查人员的认识。调查表要易于记载调查的结果、易于累计调查结果、使调查的重点突出等。

（三）开展调查

主要包括询问有经验的现场工作者，实测和查阅资料，要特别注意做到正确地记录事实，最后把调查的结果准确无误地加以汇总。

（四）分析研究

1．**分析工作**

这一阶段的工作主要有以下几个方面。

（1）从调查的结果中进一步发现问题，寻求改进重点。

（2）使用改进检查表通过集体的创造性的思考，探讨改进方案。

（3）对改进方案进行评价和优选。

（4）确定实施方案。将优选确定的方案进一步具体化，制订成实施方案，然后从经济、安全、管理等方面进行评价，研究其达到预定改进目标的程度。

（5）试行。按新工作方案的要求对工作者进行训练，按实用的程序试行，在试行过程中总结经验，发现问题，及时修正。

（6）制订标准。通过试行以后对准备实施的内容制订成相应标准，确立新工作目标。

（7）实施。在实施过程中，根据情况变化还要对方案做适当调整或修正，但应尽量使工作系统相对稳定。

2．**分析工具**

研究的分析工具有如下五种：

（1）各种流程图表。

（2）设问技术（五问技术）。

（3）动作改进的四种技巧。

（4）工作改进分析检查表。

（5）动作经济原则。

方法研究就是运用这些通俗易懂、简单实用的工具分析问题、解决问题。这是经典正的特点也是它的优点，是它生命力的源泉。这五种工具在方法研究过程中要互相配合反复应用。

第二节　方法研究的分析方法

方法研究按照分析对象的不同一般分为工序分析、作业分析和动作分析。

一、工序分析法

（一）工序分析概述

按成衣工序流程可将作业内容划分为加工（组装）、搬运、检验、停滞等四个部分。通常，工序时间单元越小，流水线上工序平衡和改进越容易进行，但要注意不同工种的工序组合，以及加工先后顺序对服装成本和流水线衣片顺畅流动的影响。工序分析依分析对象可分为：对整个工作（作业）程序或过程的分析；对产品或材料的流程工序分析；多人作业程序分析；布置与经路分析、搬运分析、相关分析等。

1. 工序分析的目的

（1）把握工作系统的全貌，侧重整体过程的研究。

（2）获得改进工作（作业）系统的资料。

（3）改进工艺布置和工作程序。

（4）消除不必要的作业工序。

（5）使整个工作（作业）流程合理化、简化、高效化。

2. 工序分析工具

在进行工序分析时，采用何种方法要根据实际情况决定，通常是多种分析技术同时使用，才能收到较好效果。为了对工作系统的现状进行分析，首先必须对现状进行记录。运用各种流程图表是较为直观、简便的，当然IE还运用摄影、录像技术，但图法是最基本、最实用的。工序分析常用的有下列几种工具：

（1）工艺（工作）流程图。对产品、零件、材料的流程进行记录，详细研究和改进各道工序或操作方法时采用。

（2）组作业程序图。对多人作业进行分析，研究如何改进劳动组织、减少集体作业中的等待时间时采用。

（3）线图。对工作流程、工作地布置、运输路线等分析时采用。

（二）工序分析的种类

工序分析按用途不同可分为：产品工序分析、作业工人工序分析、事务用工序分析和搬运工序分析。通常，服装生产企业采用产品工序分析方法。

（三）工序分析的图示符号

在成衣生产中，为了制造产品要进行各种生产工艺活动，其中包括工序分析和设计，如果全用文字说明非常繁复。为此需要用记号表达常用的文字语言，并做到简洁明了。这种表达方法称为工序图示符号。应用时可分为：基本符号（表2-1），常用缝制符号（表2-2）。

加工条件图示法如图2-1所示，部件配置方法如图2-2所示。

表2-1 基本符号

序号	工序名称	符号名称	日本（JIS的规定）	美国（ANSI的规定）	符号内容
1	加工	加工	○	○	表示原料、零件或产品，依其作业目的而发生物理或化学变化的状态
2	搬运	搬运	⇨	○	表示原料、零件或产品由某位置移到另一位置的状态。日本符号大小为加工符号1/3~1/2
3	停滞	贮存	▽	▽	表示原料、零件或产品，不在加工或检查状态而是处于贮存或停留状态（预定的下一工序未能立即发生而产生的暂时的、不必要的停留）
		停留	D		
4	检查	数量检查	□	□	表示对原料、零件或产品做数量检验或对其加以测定并将其结果与基准比较，以判定合格与否的质量检验
		质量检查	◇		

表2-2 常用缝制符号

符号	符号意义	符号	符号意义	符号	符号意义
	手工操作		锯齿形缝纫机		内包缝
	熨烫		双针加固缝		加固缝纫机
	整烫		三针加固缝		直线型加固缝纫机
	标牌折叠机		平式单针链缝		花式加固缝纫机
	平缝机		平式双针链缝		平头锁眼机
	带刀缝纫机		狭缝双针单面饰缝		圆头锁眼机
	双针送式缝纫机		狭缝双针双面饰缝		小圆头锁眼机
	钉扣机		平式三针双面饰缝		暗缝缝纫机
	双针包缝		圆筒双针单面饰缝		假缝缝纫机

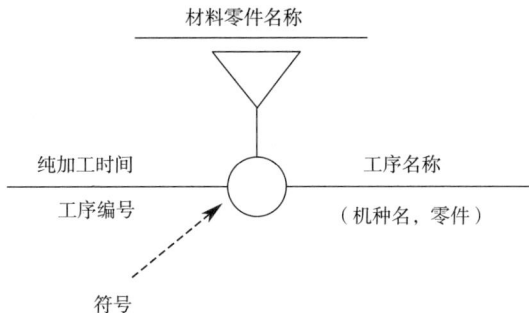

图2-1　加工条件图示法

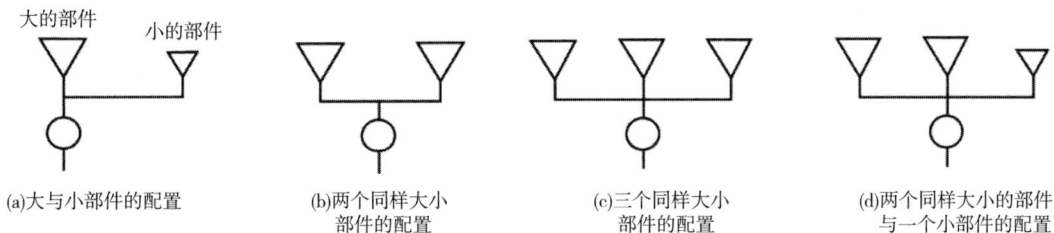

图2-2　部件配置方法

（四）工序分析方法

1. 产品工序工艺分析

产品工序工艺分析时，应使用规定的图示符号，通过对加工、搬运、检验、停滞四项内容的调查和分析，绘制工序流程图，研究并提出改进方案。这种分析有利于掌握和改进整个企业的生产进度（从原材料入库到成品出厂的整个流程和时间）、机器设备的配置以及在线品的管理和控制。

（1）编制步骤。

①准备好分析图表，在概要栏内填写产品编号、产品名称、生产量。

②在项目栏中填写工序名（操作内容）。

③在数量、距离、时间、机械名、工具等栏内，分别填写相应的调查项目。当搬运时间较短时，可与停滞时间相加后填入。

④根据要求，在记号栏内盖上检验印记。

⑤将调查中考虑到的改进建议记录在改进要点一栏内。

⑥根据产品工艺流程，按顺序调查加工、搬运、检验、停滞4项内容，调查全部结束后，用直线连接记号栏内的各个点。

⑦分析讨论。加工时，考虑采用铺料机；搬运时，若手工较多，可考虑利用手推车，同时进一步调整设备配置，缩短传送距离；检验时，考虑裁片连同推车一起称重；关于停滞方法，应考虑实行作业流水线方式的连续性，尽量减少在中间工作台上的裁片（在制品）堆放量；对缝制、整烫、包装出厂等业务活动也可按上述步骤进行分析。

（2）裁剪工序工艺分析示例见表2-3。

表2-3 裁剪工序工艺分析示例

概要				生产量	
	产品编号			生产量	
	部件编号			调查日期	
	产品名称			主加工部门	
	材料			调查员	
综合	加工	○	4次	24h×9人（缝制加工另计）	
	搬运	○	10次	50m	
	检验	□	2次	1h	
	停滞	△	6次	42h	

序号	项目	数量	距离/m	时间/h	符号	设备名称	检验用具	改进要点
1	裁剪材料仓库	2000kg	—	16		棚架	—	—
2	送至称重台	400kg	10	—		64kg次运送	—	能否利用推车
3	称重	1000kg	—	0.5		64kg1次运送称重2min	台秤	将台秤置于地下，连推车一起称重
4	送至大裁剪台	1000kg	5	—		手工搬运	—	—
5	粗裁	4000件	—	1300件/人，8h×3人		大裁剪台		40件/15min
6	送至过渡台	4000件	2	—		80件/次手工搬运		
7	同上放置	2000件	—	4		堆放台	—	能否赌坊在棚架或推车上
8	送至称重台	4000件	3	—		50件/次手工搬运		利用推车
9	称重	4000件	—	0.5		50件/次称重2min	台秤	将台秤置于地下，连推车一起称重
10	送至精裁台	4000件	4	—		手工搬运	—	利用推车
11	精裁	4000件	—	1400件/组，8h×3人		精裁台	同时检验	—
12	送至过渡台	4000件	2	—		手工搬运	—	—
13	同上放置	2000件	—	4		堆放台		
14	送至小裁剪台	4000件	2	—		50件/次手工搬运		—
15	裁小片	4000件	—	2400件/人，8h×2人		裁剪机		50件/10min
16	送至半成品棚架	4000件	2	—		50件/次手工搬运		
17	同上放置	2000件	—	4		裁剪机		
18	送至分格架	4000件	10	—		50件/次手工搬运		利用推车
19	保管于分格架上	6000件	—	12		分格架		
20	送至准备台	4000件	10	—		每天分4次搬运		
21	同上放置	1000件	—	2		棚架		
22	缝制加工	4000件	—	24		缝制设备	—	缝制工序分析表

2. 产品工序流程分析与流程图绘制

产品工序流程分析是指合理分析和安排从衣片部件到组装成服装产品的整个生产工序流程，一目了然地表达作业顺序、使用机器或工具、加工时间等作业要素。

（1）编制步骤。

①准备好衣片部件分析表和图表纸（大小因品种而异，通常用A4、A3或B2）。

②将衣片部件分析表上的内容绘制到图表纸上，以此作为编制整件服装工序流程分析表的基础。每个部件用▽表示面、辅料处于起始状态；接着按工序流程绘制部件的加工记号；最后，用△表示结束，并用直线连接起来。左右对称的部件，在▽处填入面、辅料的数量；简洁地标明该工序的作业内容；在主要部件（领、袖、大身、组装）流程上配置小部件工序时，可引出一个分支；在分支顶端用▽记号表示小部件的进入，如图2-3所示。

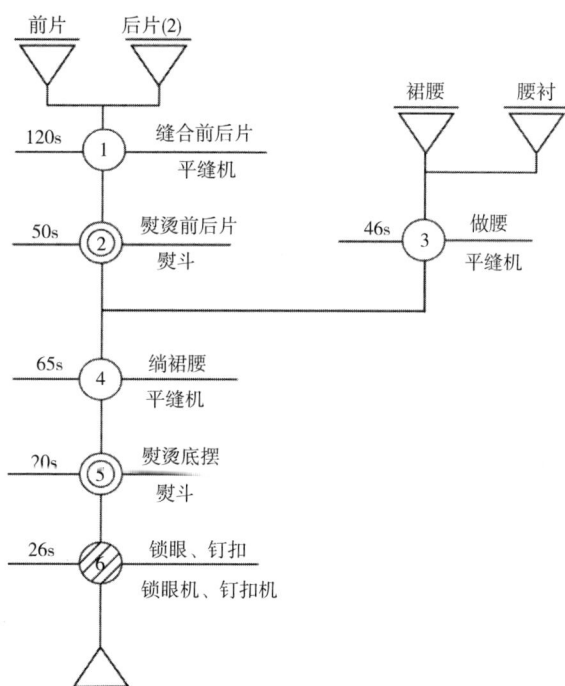

图2-3 衣片部件工序流程分析（数字表示工序流程顺序）

（2）绘制注意事项。

①各部件的面、辅料记号▽处以适当的间隔分别画在图表纸上方，并注明部件名称和材料数目。确认部件数，考虑整个工序流程图的构成，并决定各个部件的间隔；记录绘制从右边开始，以后片部件、后片、前片、前片部件、部件组装的顺序进行；用于组装的部件，如果工序比较少，可以不另外标出，而是等到绘制组合工序时再添上。例如，标牌系列、纽扣等。

②在▽记号的下方绘制部件工序流程的内容。除了组装的最后工序用记号△外，其余各部件的△记号均不用绘制，并将各部件连接到组装工序分出的分支上。绘制时，要把部件名称或工序作业内容标明。

③制订分类工序编号。工序流程分析图表编制完成后，应按各构成部件内容在工序记号的左下方、右上方或图示记号中间制订分类工序编号见表2-4。

表2-4 作业分类编号

编号	作业内容	编号	作业内容
C	衣领部件作业	L	里料作业
CC	袖口部件作业	F	前片作业
P	其他部件作业	B	后片作业
S	衣袖作业	A	组装作业

注 有时也可组合应用，如LF—前片面、里料部件；LB—后片面、里料部件。

④填写工序纯加工时间。根据工时基准表或经过时间研究得到的各工序加工时间值，在工序记号的左下角或左上方填写纯加工时间数值。

⑤填写综合表。在工序分析表的空栏处，以综合表的形式填写按机器和作业性能分类的各种工序记号、使用机器、工序数、纯加工时间，以及构成比例等内容。产品名称、编制日期、制表（制图）人姓名等也应填写完整。男西裤的产品工序流程编制实例如图2-4所示。

（五）工序优化改进

依据ECRS改善法则，即取消（eliminate）、重排（rearrange）、合并（combine）与简化（simplify），可实现精益生产的均衡，并提高生产柔性和有效产出。在成衣生产时，利用这一法则的基本思想，通过对工序流程和加工方法的省略、变更顺序、组合、简化等方法，能使工序编排合理，降低生产成本，提高工作效率，如图2-5所示。

二、作业分析法

（一）作业分析概述

作业分析是对影响作业的全部因素（作业目的、作业方法、作业环境以及材料、运输、工装和检查等）所进行的分析。其目的是改进作业方法、制定切实可行的作业标准。

1. **作业分析的目的**

（1）把握以人为主体的作业序列。

（2）发现作业环节的问题和改进的重点。

（3）为改进作业方法准备基本资料。

（4）为制订作业标准准备资料。

2. **作业分析的特点**

（1）把详细地分析和改进一个工作地上的作业作为分析重点。

（2）应用工序分析的基本手法，对单个作业者、多数作业者以及作业者和机器相联系的以人为主体的作业系统进行分析。

（3）通常用作图分析，当对象较多时可使用胶片分析和影像分析。

3. **作业分析的主要内容**

（1）方法分析。在进行时间测定（分析）之前，要研究并确定先进的工作（作业）方

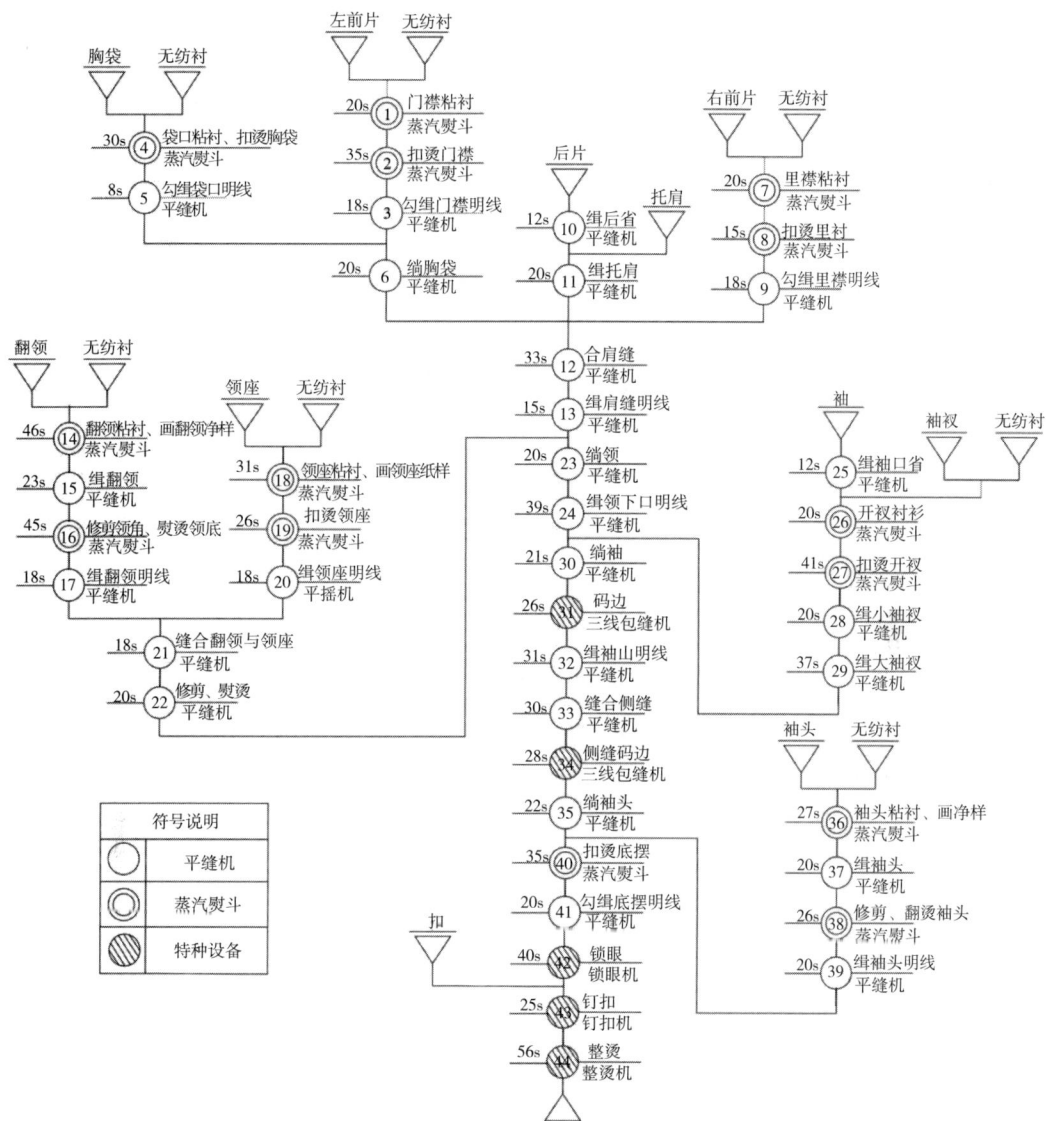

图2-4 男西裤的产品工序流程编制

法并使之标准化，为时间测定打下基础。

①要明确作业目的分析可按以下项目检验。

作业目的是什么？作业人员是否很好地认识到作业目的？

该作业是否确实需要，有无改进的余地？

是否存在什么混乱现象？

②作业方法分析要点。

该作业方法是否适合其产品的产量与质量？

是否有操作卡？关键问题是否有新标准？

操作者是否按操作卡进行作业？

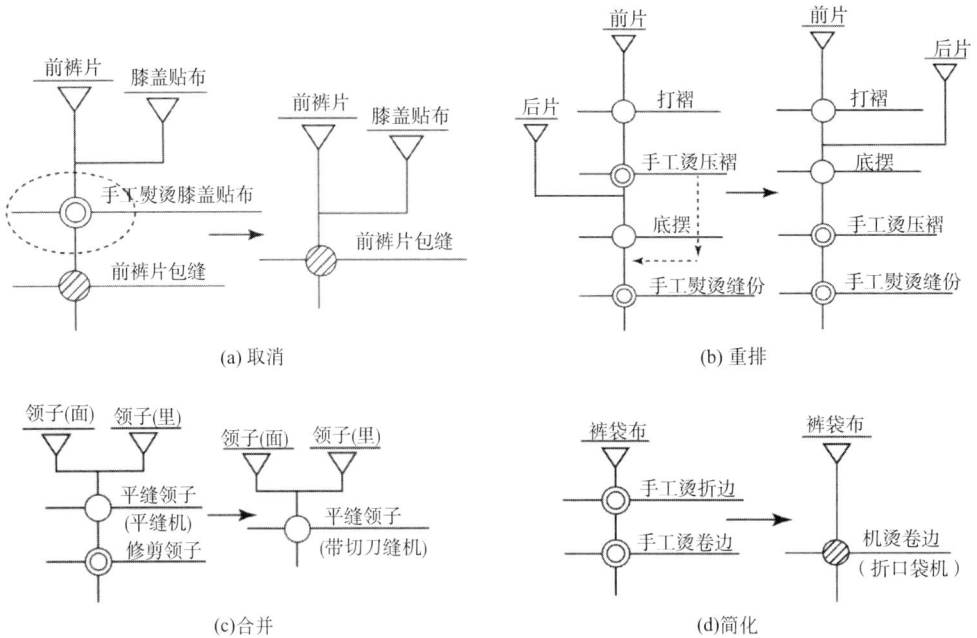

图2-5 工序优化示例

生产流程是否顺畅？有无薄弱环节？

是否知道发生事故时及出现其他紧急情况时的处理方法？是否受过训练？

是否能充分发挥操作人员的技能？

是否做到了从安全角度考虑作业？防护用品是否真起作用？

是否有使高级工人做了低级工作的情况？

工作人员之间的工作量是否平衡？

在操作时间内能否同时完成几项工作？是否用两只手操作？

上下工序之间（前后工序）的联系是否好？

作业速度是否正常？

加工设备与平面布置是否适用？有无其他方法？

（2）检查分析。在检查时必须确定质量标准、允许精度和检查方法，才能判断产品处于什么状态才算是合格品。特别值得注意的是以下几点：

①应该检查哪个部位？应该怎样检查？

②为便于作业，能否改变质量与检查方法？

③在成本不变的条件下，可否提高质量？

④作业时应注意哪里？

⑤如果降低要求，成本能否下降？如果提高要求，成本是否会上升？

（3）原材料分析。对原材料的分析，可在使用价值分析法的同时，按下列各项对照检查，研究改进的途径与措施。

①对该产品来说哪种材料最合适？

②在满足功能要求的情况下，是否有更便宜的代用材料？

③可否取消某一加工工序或减少一些原材料？

④所选用原材料的形状、大小、质量，会不会产生废品和边角余料等？

⑤要提高材料的加工性能，是否需要选择回火等处理方法？

⑥原材料是否保管在待用状态？是否已经生锈？

⑦原材料库存是否进行了妥善清理？

⑧是否有使原材料碰伤、破损及质量降低的现象与可能？

⑨辅助材料对产品及作业是否适用？

⑩是否测定了材料利用率？是否进行了良好管理？使用是否经济？

（4）运输分析。运输分析是指针对分析运输工序、生产通道的状况等对运输的影响，可按运输作业的动作、姿势、所需时间、运输人员与设备的运输效率、运输成本等进行分析。

（5）工卡、模具分析。对工卡、模具的设计与管理情况可按如下各项进行检查。

①工卡、模具是否符合本作业要求？

②工作状态是否正常？

③能否设计同时具备几种功能的工具？

④零件是否便于拆装？

⑤全部作业可否使用同一工具？

⑥专用工卡、模具是否对改进作业有效？

⑦对有关人员做过什么指示？要求他们做到什么程度？

⑧工卡、模具的制造计划、设计与图纸是否及时？

4. 分析的种类

（1）作业者工序分析（作业者程序图）。通过绘制作业者程序图，以单个作业者为对象所进行的分析，主要适用于手工作业的工作地。

（2）作业者与机器的平衡。

根据使用机器的工作地可分为以下两种情况：

①人机分析（人机程序图）。它主要是运用图表显示手动时间与机动时间的配合关系。

②多人操作分析（多动作程序图）。它主要是运用多动作程序图，记录两个以上工人对一台设备（一项工作）共同操作的程序。

以上分析的目的是如何减少机器空闲时间，改善操作人员与机器的平衡关系。

（二）人机分析

1. 人机分析的目的

现代企业自动化程度高，机动时间比重大，在人机操作的情况下，每个作业循环周期内，工人总有一部分空闲时间，如能妥善利用，有时可成倍提高劳动生产率（但不可过分追求，要考虑安全、质量和经济效益）。

2．绘图规则和步骤

①在表2-5的操作者下面划一根代表时间比例的分段直线。

表2-5　人机程序

作业名称：在零件上铣沟槽　编号：＿＿＿　图号：＿＿＿　日期：＿＿＿
开始动作：夹装零件待铣　结束动作：卸下加工件　研究者：＿＿＿

动作单元	操作者	1#机床（No.5 铣床）	2#机床（No.6 铣床）
按停1#机床		停	铣
将1#机床台面空退12厘米	0.0004	机	沟
松夹县，卸下零件放在一边	0.0010	被	槽
捡起零件放1#机台面上夹紧	0.0010	操作 0.0024	空 0.0035
开动1#机	0.0018	作	闲
铣床空进，调整进给	0.0004		停
走到2#机床	0.0010 0.0032	铣	机
按停2#机床	0.0011	沟	被
将2#机床台面空退12厘米	0.0004	槽	操 0.0024
松夹县，卸下零件放在一边	0.0010 0.0035	空	作
捡起零件放2#机台面上夹紧	0.0010	闲	0.0032
开动2#机	0.0018		
铣床空进，调整进给	0.0004		
走到1#机前	0.0010		
	0.0011		

统计	操作者	每周期空闲时间：0.0000；操作时间：0.0134，每周期工时数：0.0134
	1#机	每周期空闲时间：0.0043；操作时间：0.0091，每周期工时数：0.0134
	2#机	每周期空闲时间：0.0043；操作时间：0.0091，每周期工时数：0.0134

注：①在动作单元时间为包括宽放时间在内的"标准时间"。
　　②在一机多人作业时（多动作程序图或多人机程序图），左方记录机器的操作单元，代表时间的垂线填写机床工作时间，右侧表示工人操作。

②根据机器多少，在图右边划若干垂直线。
③在最左方简明记录工人操作的动作单元和操作内容。

④在时间垂线右侧，由上而下，将工人操作所需时间依顺序记录下来（该时间指包括宽放时间的标准时间）。

⑤各条垂线上，工作时用实线表示，空闲时用虚线表示。

⑥必须注意代表机器的垂线，在时间上一定要与工人操作的时间相对应。

⑦在图表下方，将人、机工作时间、空闲时间分别汇总供分析。

⑧当操作者为多人时，人—机程序图的左方记录机器的运动单元，时间垂线写机器工作时间，右侧的各条垂线代表若干工人，做图的方法、步骤都相同，只是左右位置颠倒了。

人机程序图还有其他形式，图2-6的人机联合分析图也是一种常用的人机分析图。

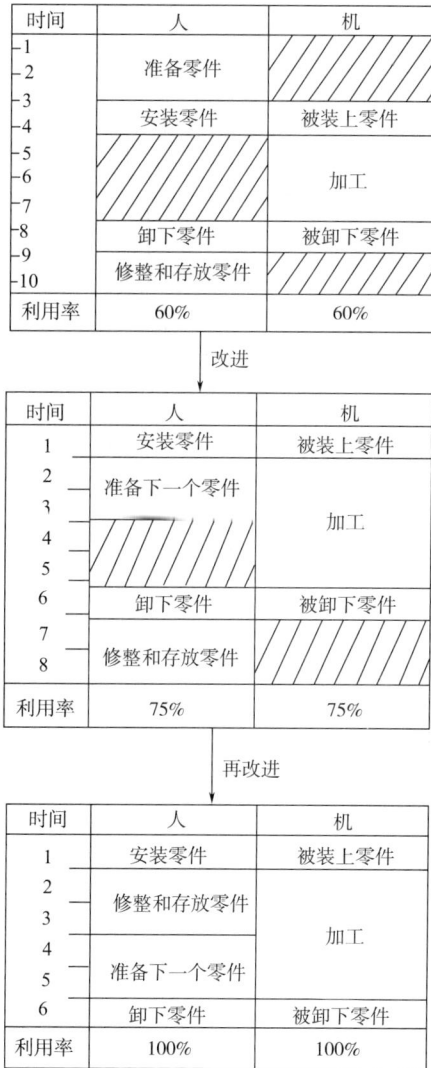

图2-6　人机联合分析图

3．人机程序图分析

同其他程序图的分析一样，综合运用"五问四技巧加一表"的分析技术。

（1）基本原则。

①平衡人机工作量。

②增加机动时间的比例。

③平衡小组工人间的工作量。

④取消不必要的操作。

⑤合并操作。

⑥简化操作或动作。

（2）辅助操作能否取消。

①视同不必要而取消。

②改变工作次序而取消。

③改变工作地组织而取消。

（3）移物能否取消或简化。

①随操作一齐取消或简化。

②合并操作、改变布置、缩短距离。

③改变设备或每次搬运数量。

④改变次序、改变移物方向。

（4）延迟能否取消。

①改变设备、工作地的位置与设置。

②使用新设备或改变原有设备。

（5）操作能否简化或合并。

①改变工作次序。

②改变工作地布置。

③使用更合适的工夹具。

④改变操作位置。

⑤改变器具。

⑥利用惯性。

⑦尽量减少转移视线。

⑧改变工作台椅的高度。

⑨使用不同的身体部位。

⑩使用新设备或改变原来的设备。

（6）检验能否取消或合并。

①此项检验是否有必要？检验后的资料供何用？

②是否有不必要的重复现象？

③由别人来代替检验能否更方便？

④设置的工作位置是否合适?

⑤能否加以合并?

(三)作业者工序分析

1. 作业者工序分析的定义

作业者工序分析是以工序分析的基本手法,对单个作业者所进行的一系列作业进行分析,把握其作业工序的内容以及与其相关的移动和等待的状况,概括地把握以人为主体的作业序列(包括作业者在现场边作业边移动的情况)。

2. 作业者工序分析的目的

①获得改进工序、改进设备及作业方法的资料。

②获得设备及工作地布置的研究资料。

③为制订工作标准准备最基础的资料。

3. 作业者工序分析的特点

①分析作业者或作业者与机器的联合作业。

②通常用作图分析,当对象较多时用胶片分析和影像分析。

③作图分析时,一般使用操作、检查、移动、等待四要素,分析作业内容、移动距离、移动时间等,发现不合理、浪费、不均衡现象,掌握改进的要点。

④作图分析时所用符号及作图规则同工序分析一样,所不同的是这些符号所表示的是作业者自身的活动内容(如出现"停滞"不是指材料停滞,而是表示工人既没操作也没检验,处于停止工作状态),如图2-7所示。

4. 作业者工序分析的程序和方法

(1)分析准备工作。

①搜集与分析对象有关的情报。原有的作业标准、工艺卡。

②准备分析用纸。定型用纸或白纸。

(2)绘制作业者工序分析图。

①记录作业。按作业的发生顺序,使用图示符号在其左侧记载移动距离,右侧记载作业内容(与工艺流程图作法相同)。

②汇总记录结果。把各类工序汇总、整理供分析用。

③根据需要还可制作以人为主体的流程线图。

(3)分析和改进的方法和原则。使用"五问四技巧加一表"等分析技术,按照如下原则要求进行分析。

①平衡人机工作量。

②增加机动时间比例。

③平衡小组工人间的工作量。

④取消不必要的操作或停滞(包括辅助操作)。

⑤合并操作和检验。

⑥简化每一操作或动作。

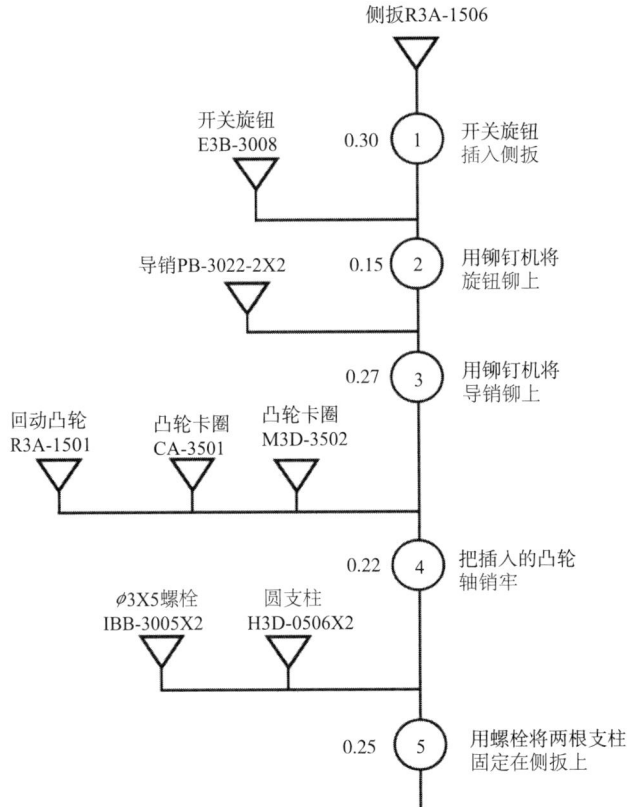

图2-7 作业者工序分析

⑦尽量减少搬运和移物。

三、动作分析法

（一）动作分析概述

动作分析是对人的作业动作进行细微的分析，省去不合理的和浪费的动作，制定出轻松、安全、正确、高效率的动作序列，形成最经济的作业方法的一种分析技术。

1. 动作分析的特点

动作分析是在宏观上合理的程序确定之后，针对人体动作的细微之处的浪费，寻求最经济的解决办法（省力、省时、安全的办法）。它尤其适用于成百上千次重复的简单动作循环中的点滴节约或减轻劳动强度，其效益是很可观的。

2. 动作分析的目的和作用

（1）由于动作分析能有效地剔除多余的和浪费性的动作、减少作业者的疲劳，从而为改进或设计一个既减少疲劳又安全可靠的、高效率的作业系统提供可行模式。

（2）为选择、改进或设计人与机器相结合的工艺装备提供可靠的资料。

（3）为制订工作标准和标准时间提供基础资料。

3．动作分析的种类

（1）目视动作分析。以作业者程序图为工具，依据动作经济原则寻求改进措施。

（2）基本动作要素（动素）分析。将操作者的动作细分为动作要素（简称动素），以各个动素为对象所进行的分析。

（3）影像分析。利用照相、摄影、录像技术所进行的分析。精确度较高，成本也高。

（二）基本动作要素分析

1．基本动作要素分析的定义

基本动作要素分析的基本思想是基尔勃里斯奠定的，他认为人所进行的作业是由某些基本动作要素（简称动素）按不同方式、不同顺序组合而成的。为了探求从事某项作业的最合理的动作系列，必须把整个作业过程中人的动作，按动作要素加以分解，然后对每一项动素进行分析研究，淘汰其中多余的动作，改变不合理的动作。

基本动作要素分析，就是用基本动作要素对作业进行划分，细致地观察作业的构成，分析每一个动素的有用度，对作业者的动作系列进行评价并获得设计最佳动作系列的情报的一种分析技术。

它以目视观察记录的方式，以动素为单位，将连续的动作详细划分成各个动素，记录在动作分析图上，作为分析的依据，然后运用"5问4技巧加1表"及"动作经济原则"进行分析和改进。

2．基本动作要素的定义

基本动作要素是组成人的动作的最基本单元，是动作的最小单位。吉布雷斯提出了17个动素，按照它们各自的作用划分成三大类，见表2-6。

表2-6　基本动作要素及其符号

分类	编号	名称	记号	手或身体部位起点	手或身体部位的终点
第一类（A）	1	空手伸展	⌣	空手开始移动	接触物品或动作停止
	2	抓取	∩	开始抓部件	抓住部件
	3	搬运	⌒	拿着物品开始移动	将物品搬运到目标位置或停止搬动
	4	定位	9	开始排列物品、定位	物品移至所定位置
	5	安装	♯	开始安装物品	物品安装完毕
	6	放手	∽	开始放物品	放完物品
	7	使用	U	开始操作	操作完毕
	8	分解	††	开始分解组合物品	分解完毕
	9	检验	◊	用手触摸检验品，或开始观看	检验结束
第二类（B）	10	寻找	⌒	开始找物品	发现要寻找物品
	11	选择	→	开始接触几个需要的物品	选出一个需要的物品
	12	准备	8	与定位相同，但使用的工具和物品要预先准备好	
	13	考虑	⌂	工作期间经常考虑问题	决定做某项工作

27

动素记号				说明	
分类	编号	名称	记号	手或身体部位起点	手或身体部位的终点
第三类（C）	14	握持	⌒	拿着物品不动	拿着目标物品开始动
	15	可避免延迟	↳	不遵守标准作业方法	回到标准作业方法
	16	不可避免延迟	⌒	开始等待	开始操作
	17	休息	♀	什么也不做	重新开始工作
新增	18	发现	◉	眼睛开始寻找物体	已经找到物品

注 第一类:进行工作所必要的动素;第二类:辅助性动素,有推迟第一类动素的趋向,尽可能消除为好;第三类:不进行工作的动素,一定要设法除掉。

3. 动作分析图

基本动作要素分析的程序同前面介绍的方法研究的一般顺序大体相同,所不同的是在分析之前要对作业者的作业过程进行九个周期的观察,把动作的顺序和内容基本上确定下来,然后在事先准备好的分析用纸上,按照动作的顺序用动素符号记录左、右手的动作并注以简短说明,如果临时想到应改进的问题,可随时记在备忘录中,这样便可做成动作分析图,见表2-7;随后对各类动素加以汇总见表2-8,以便同变换的工作方法相比较;最后,依据动作经济原则和运用基本动作要素分析的改进检查表进行分析研究,提出改进方案,经试行后加以标准化。

表2-7 动作分析图例

左手符号		右手符号		左手符号		右手符号	
伸向垫片	⌣	⌣	伸向螺栓	握紧拉杆	⌒	♯	装配
拿起垫片	⌒	⌒	拿起螺栓	到工作面	⌣	⌒	握紧拉杆
到工作面	⌣	⌣	到工作面	握紧拉杆	⌒		
装配	♯	♯	装配	到组装件	⌣		
伸向盖板	⌣	⌒	握紧螺栓及垫片	装配	♯		
拿起盖板	⌒			握紧装备件	⌒	⌣	到钳子
到组装件	⌣					⌒	拿起钳子
装配	♯					⌣	到组装件
伸向拉杆	⌣					♯	装开口销
拿起拉杆	⌒			到成品箱	⌣	⌣	到钳子放置处
到组装件	⌣			放置组装件	◉	◉	放钳子

表2-8　动作分析汇总

	动素	左手	右手	双手合计
汇 总	⌣	3	1	4
	⌢	6	3	9
	⌣̇	6	4	10
	♯	3	3	6
	⌢̇	1	1	2

　　动作分析图是基本动作要素分析的一种图示方法，主要是描绘在一个工作岗位上当工作人员执行工作时人体各部分的动作，它是操作方法的一种图解模式。这种图便于使用，既不需要仪器设备也不需要耗费很多时间，而且易于获得改进效果，几乎对于任何工作都可利用。动作分析图也是在工艺程序设计中设计各种动作细节（包括机器人的动作程序）的一种理想方法。

　　绘制动作分析图的基本方法是通过对作业者的直接观察，现场记录。在记录时，首先选择动作最忙的手在工作循环的第一工步中的第一个动作，记入第一行；然后是第二、第三个动作；以此类推，直到一个工作循环结束为止。然后以相同的方法对另一只手进行动作记录，当全部记录完成后，还应对照工作循环或文字说明对两只手动作的先后次序和相互关系进行核对。为使记录清楚、正确，有时还需要修改或重新绘制。

　　绘制分析图时，要注意"握紧"这一动作所持续的时间，应仔细地观察它在相当于另一只手的哪几个动作时间内重复出现，从而确定这一动作占据的行数，见表2-9。有时并不要求对操作者两手的动作分析得那么细致，这种情况下也可用图示符号进行记录。

表2-9　基本动作要素分析图

左手	动素		右手	分析要点
伸手到酒瓶处，选择酒瓶	⌣	→1	拿起开瓶器等待	1. 若什么啤酒都可以的话，则选择取消动作
拿起啤酒瓶	⌢	2	↓ 拿起开瓶器等待	
移动啤酒瓶到身前	⌣̇	3	⌣̇ 移动开瓶器	
拿住啤酒瓶	⌢	4	9 移动开瓶器	
拿住啤酒瓶	↓	5	♯ 将开瓶器套在瓶盖上	
拿住啤酒瓶	6		U 用开瓶器套打开瓶盖	6. 由于使用不需拆卸的开瓶器，故只使用一个动素
放开啤酒瓶	⌢̇	7	⌣̇ 手回归原处	
手回归原处	⌣	8	↓ 手回归原处	

（三）基本动作要素分析检查

基本动作要素分析检查表是对动作分析图进行分析研究时所使用的一种帮助发现问题、改进工作的核对明细表。

1. 检查表的设计原则

（1）工序总数最少。

（2）工序排列次序最佳。

（3）尽可能合并工步。

（4）使每一工步尽量简单、易行。

（5）使两只手的工作量平衡。

（6）避免用手紧握物件。

（7）工作场地和操作空间布置要合理。

2. 根据上述原则提出一系列设想途径

（1）有没有不必要的动作？

（2）能否改变作业次序？

（3）能否使用工具或设备？

（4）能否改变工作场地的布置？

（5）能否合并工具？

（6）能否对材料略加改变？

（7）能否对产品略加改变？

（8）能否使用某种工装或容器？

（9）能否改变人体某一部分所做的动作？

（10）能否使人体各部分之间的动作平衡？

（11）能否使两个作业项目同时进行？

（12）能否改变一下工具的样式或结构？

（13）能否改变控制器工具的位置？

（14）能否采用杠杆、惯性、滑动等省力的措施？

（15）能否降低对视力的要求？

（16）能否改变布局，缩短运送距离或节省操作时间？

（17）能否使用不同的肌肉群？如手指、腕部、前臂、上臂、躯干等。

（18）能否使移动连续，消除急拉、急扔动作？

（19）能否使用较强的肌肉组？如用大腿肌肉担负重荷，以脚操纵台钳。

（20）能否消除或缩短用手握紧的时间？

运用这种检查表对动作分析图进行分析，很容易找到改进方向。

（四）动作经济原则

动作经济原则是通过对人体动作能力的研究，创立一系列能最有效地发挥人的能力的动作原则。由于它能使工作者的疲劳最少，动作迅速而容易，增加有效的工作量，因而被称为经济原则。动作经济原则最初是由基尔勃里斯提出的，随后布尔斯（R.M.Barnes）、麦纳得（H.B.Maynard）以及德意志作业研究联盟（REFA）等又进一步追加补充，确立了三类二十二项原则，即以身体活动最适宜的动作为基本出发点，表示作业时人体功能有效利用的动作方法的身体使用原则和作业区合理设计原则（图2-8），以及从人类工效学的观点，对工艺装备和设备等的设计原则。

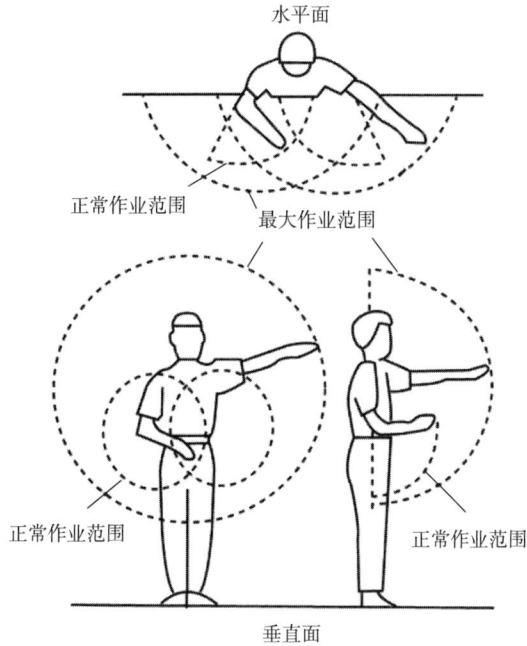

图2-8　作业范围

动作经济原则是分析改进工作方法的最后一种工具。利用它的目的，重点不在于改变整个工作（作业）的程序，也不是改变设备、生产的进度和解决时间耽搁等问题（这些由另外的手段去解决），而是在各种条件一定（或不变）的前提下，使工作效率提高，并且确实使工人感到工作变得轻松自然。因此，可以说动作经济原则是使动作更经济的原则，其目的是减少作业者的疲劳和提高作业效率。

1. **身体使用原则**

（1）双手同时开始并同时完成其动作。

（2）除规定的休息时间外，双手不应同时空闲。

（3）双臂的动作应对称、反向并同时动作。

（4）手的动作应以最低等级（如手指动）而又能获得满意的结果为好。

（5）尽量利用物体惯性、重力等，如需用体力加以阻止时，应将其减至最小程度。

（6）变急剧转换方向的动作为连续曲线运动。

（7）弹道式的运动路线，比受限制、受控制的运动轻快、准确。

（8）建立轻松自然的动作节奏（或节拍），可使动作流利、自发。

2．工作场所布置原则

（1）工具、物料应放在固定位置，使作业者形成习惯，用较短时间拿到身边。

（2）运用各种方法使物料自动到达工作者身边。如图2-6所示。

（3）工具、物料应放在作业者面前或身边。

（4）尽量利用"堕落"的方法。

（5）工具、物料应按最佳次序排列。

（6）照明应适当，使工作者视觉满意、舒适。

（7）工作台和座椅的高度要适宜，应使工作者坐或立时都感到方便、舒适。

（8）工作椅的式样和高度，应使工作者保持良好姿势。

3．工具、设备的设计原则

（1）尽量解除手的动作，用夹具或脚踏工具代替。

（2）若有可能，应将两种以上的工具组合成一种多功能的工具。

（3）工具、物料尽可能预先放在规定位置。

（4）每个手指都进行特定的动作时，应按其固有的能力分工。

（5）设计手柄时应使之与手的接触面尽量大。

（6）机器上的杠杆、手轮及其他操作件的位置和机构的设计，要能做到使操作者极少变动其姿势就能以最高的效率操作。

4．核心问题

人们在运用这些原则的过程中，逐渐体会到，它的最核心的问题是以下四点：

（1）两手同时使用。

（2）动作单元力求减少。

（3）动作距离力求缩短。

（4）动作要轻松、容易。

5．改进示例

上述这些原则实际上是这四个方面的延伸，所以又将这四点叫作"基本"原则。具体改进示例见表2-10。

表2-10　改进示例

作业方法	示意图	描述
改进前	作业者	1．左手拿衣片，推送到压脚下 2．包缝衣片 3．剪线后放在左前方
改进后	作业者	1．右手拿衣片，推送到压脚下 2．换左手握住进行包缝（注：以上两个动作同时进行） 3．剪线后放在左前方

第三章　服装生产作业研究

第一节　作业测定法概述

一、作业测定的定义

作业测定是在标准状态下，确定人的作业活动所需时间的一种方法，即决定一个合格、适当而训练有素的操作者，在标准状态下，对一种特定工作，以正常速度操作所需时间的一种方法（作业测定又叫时间研究），其定义的含义如下：

（1）合格、适当的操作者。操作者必须是合格的工人，该项工作必须适合于他。

（2）训练有素。操作者对该项工作的操作方法，必须受过完全的训练。

（3）正常速度。指平均动作速度，这个速度应每天没有过的肉体如精神疲劳，容易持续下去，但需努力才能达到。

（4）标准状态。指标准工作方法、标准工作环境、标准设备、标准程序、标准动作、标准工具、机器的标准转速等，这些都是由方法研究确定的，故必须首先进行方法研究，达到标准状态后，再进行时间研究。

二、作业测定的应用范围及用途

作业测定技术适用于生产活动的一切领域，其用途大体上可分为以下四个方面。

（一）用以改进工作系统，制订工作标准

因为作业测定的首要作用是减少或排除无效时间，追求系统的高效化，这就为制订该系统的工作标准打下了基础。

（二）用以管理工作系统

作业测定的另一个重要作用是设定标准时间供工作系统使用。标准时间可用于计划业务（生产计划、人员计划、作业计划、设备计划、物资材料计划、订货计划、成本计划、编制预算等）、管理业务（正序管理、效率管理、设备维护、库存管理等）、评价业务（成本核算、盈亏核算、工作状况评价等）。

（三）用于设计工作系统

作业测定的第三个用途是提供用于计划或设计工作系统所需要的主要时间的基础资料。运用这些资料可以确立装配作业线、制造作业线的时间平稳；可以确立小组作业的作业者之间的相互关系和工作时间的平衡；评价各种人—机系统；评价设备投资和自动化以及决定单人看管机器的台数等。

（四）用于调动工人的工作积极性，培养工人的效率意识

要正确贯彻按劳分配和各种奖励制度，这些都要有一个客观的标准。不论何种衡量劳动量的标准，皆来源于标准时间，它正是作业测定的成果。

三、作业测定与方法研究的关系

方法研究和作业测定有着密不可分的关系，它们都涉及如何科学地确定最经济而有效的工作方法的问题。一般情况下，方法研究是作业测定的前提，如果对作业方法不进行研究和改进，对现行的作业程序和方法采取肯定的态度，在此基础上制定或修订的时间标准（工时定额）常常是客观现状的写实，这就达不到通过作业研究挖掘企业内部潜力的目的，但方法研究也离不开作业测定，通过对各种方法的作业时间比较才能确定最佳方法。

方法研究是减少工作量的主要技术，首先是减少操作中不必要的动作，并且以好的方法取代差的方法。

作业测定是通过调查来减少或消除无效时间，运用作业测定技术可以了解无效时间的存在、性质和程度。在从未开展过IE的企业里，人们会惊奇地发现无效时间量竟会如此之大，而过去却一直未曾想到过或一直被当作正常的和不可避免的现象，只有通过测定才能把这些问题揭示出来，加以改进然后予以标准化。

作业测定不仅能测出无效时间，还可用以制定标准时间，以后当无效时间悄悄地产生时，人们便会立刻通过标准发现它。所以对工作标准化来说，方法研究和作业测定两项技术是必不可少又密不可分的，总的程序是先进行方法研究后进行作业测定，但方法研究过程也要应用作业测定。

第二节　作业测定的方法

作业测定的具体方法很多，总的可分为对作业直接测定的方法和利用已有资料进行推断的方法（即合成法）两大类。

一、直接法

对作业直接进行测定的方法有:秒表法（包括连续时间测定法和反复时间测定法）、录像分析法（包括控制慢速动作分析和分解动作分析）、运转分析法（包括工作抽查和连续观测法）。

（一）秒表法

1. **秒表法的定义**

秒表法是以工序作业时间为对象，按操作顺序进行多次重复观察，并测量其工时消耗的一种方法。

2. **秒表法的用途**

（1）研究总结先进生产者的操作经验，为制订作业标准准备资料。

（2）为寻求合理的操作方法，确定合理的工序结构，测定工人完成工序中各个组成部分的时间消耗量，为制定作业时间定额提供资料。

3. **秒表法的测时用具**

（1）秒表。对作业测定来说，为了使测过的时间值便于计算，一般用10进位制的秒表（即1min=100DM，1DM=0.6s）。

（2）观测板。使用能固定观测用纸和秒表的专用观测板。

（3）观测用纸。对于观测用纸的格式，由于作业形态、附带调查项目等不同，表格的复杂程度也不同。

4. **秒表法的实施步骤及研究方法**

时间研究采用周密的科学方法，收集整理时值数据，所以研究人员必须接受充分训练，详细了解实施步骤，熟练地掌握每一步骤的方法，并努力取得被观测者的合作，不断积累观测经验，才能做好观测。主要的步骤有：

第一，收集、记录操作方法及与操作者有关的资料（设备、材料规格、工艺方法、人员素质等）。

第二，划分操作单元并加以简要说明（操作单元又叫要素，它是在某一工作中独立的、便于观察、测定的分析的一部分）。

第三，决定观测周期次数。

第四，进行观测并记录操作时间（确定观测记录方法）。

第五，对各操作单元加以评定。

第六，决定宽放值。

第七，制定操作的时间标准。

上述七个步骤是密切相连的，其中第五、第六、第七项将在后面的标准时间中介绍，这里先介绍前四个步骤。

（1）收集资料。时间研究人员应以认真而慎重的态度做好事前的资料准备工作。需要事先收集的资料有：

①标准操作方法。未经方法研究（包括程序研究和动作研究）而做的时间研究是没有意义的。操作方法不同，时间消耗也必然有差异，按某种操作方法测定的时间标准，不能用于其他操作法，故测时之前，首先应判定该操作是否经过方法研究，该项操作的所有操作单元是否确定了标准方法，并以操作者动素图作为判定操作者的两手动作是否正确的标准，也可以此作为划分动作单元的依据。

②材料规格和标准。加工零件所选用的材料应为设计图纸或工艺文件所规定的材料规格。必要时应先开展材料标准化工作。

③确定所用设备和工艺。一般要明确设备和工装的型号、代号，以方便查找设备和工装的详细技术资料。

④掌握被观测者的素质。素质是指工人的智力、体力、技术熟练程度及思想情绪等。一般应挑选平均工人作为对象。所谓平均工人是指具有担任该项工作的智力和体力并受过适当训练，有足够的经验，可以制作出符合质量要求的合格品，其技术能力与熟练程度为同类工人的平均水平，此外就是易于协调和合作，被测时能保持正常速度。

⑤工作环境。温度、湿度、照明、工作场所面积、噪音程度等。时间研究人员可同有关人员依操作顺序逐项进行检查、分析，同时，必须以自己的知识和经验提出改进建议，经过改进以后再行检查，直到获得良好效果，该项操作才具有作为时间研究对象的资格。这第一步工作至关重要，切不可忽视。

（2）划分操作单元（要素）。

①划分操作单元的原因。用秒表法测试时，既不能把操作按17种动素划分单元（因为延续时间过短，难以观测和记录），也不能将整个操作作为一个观测单元，通常是把若干个动素集合成一个单元，划分的理由是：

a. 便于分解有关因素对时间长短的影响程度。详细记述的操作单元还可作为操作标准训练新工人。

b. 可以得到各单元的标准时间，作为衡量新产品工作量的基础和对生产线进行平衡的依据。

c. 可以对各单元分别评定，解决操作者在各次操作循环中速度不平均的矛盾。

d. 便于查找操作单元实际工作过长或过短的原因。

②划分操作单元的原则。在不影响精确观测和记录的前提下，每一操作单元的延续时间越短越好，但须在0.04min（2.4s）以上。此2.4s是凭视力精确观测的极限。

将手动时间和机动时间分开，因为前者需要评定，后者无须评定。

单元之间界限要分清，每一单元的起、终点要易于辨别。划分单元的标准在一个企业里应该能通用，所划分的单元应该能清楚地予以记述（如夹紧工件、松开夹具）。

明确分清不变单元与可变单元。不变单元是指在类似条件下，操作时间基本相等；可变单元是指即使环境相同，因加工对象不同操作时间也不同的单元。

将设计中的单元与过程中偶尔出现的单元区分清楚。

材料搬运时间与其他单元分开，因其受工作地布置影响很大，分离出来便于单独研究。

工人操作时某些自然的动作序列，不要分解为独立的动作序列。如：取扳手拧螺母的动作，一般不再分解为伸手、抓住扳手、运动到位、调整扳手、放在螺母上等，把作业中自然统一且易于区别的序列动作，作为一个单元。

（3）决定观测周期次数。为了正确确定时间研究所必需的观测次数，必须考虑如下的各种因素。单靠作业母体平均值的统计理论来决定观测次数是不实际的，观测次数必须结合实际情况决定。

①周期时间。如果按统计理论确定的最少观测次数，去观测变动大的、周期时间长的作业，就需要很长时间，相反，如果是周期时间短的作业，虽然取充分的观测次数，其观测总时间也不会太长。因此，观测次数应根据周期时间对观测速度和经济性的影响来决定。观测

时间等于周期时间与观测次数之积。

②时间研究的目的。以改善作业为目的时，对于普通周期时间的作业来说，观测次数一般 为15~20次；如果是极短的周期时间的作业，则30~40次为宜。

③有关人员的可靠程度。如果观测次数取得太少。往往是由于对现场不够信任需增加观测次数。

④被观测作业的频率和寿命。对于发生频率较低的作业和寿命短的作业，花费大量劳动并进行高精度的时间研究是不经济的。

⑤作业的稳定程度。如果作业改善不彻底或操作者训练不够，以及作业时间波动大时，即使增加观测次数、提高观测精度，但由于观测对象多已变化，因此无谋求高精度的必要。

⑥作业要素的分解单位。采用时间测定技术，其时间值的测定误差大约是0.8DM，因而仅仅考虑测定时间的广泛应用性。如果设定超过需要的短作业要素，则相对误差变大、观测次数增多，这一点要注意。

⑦作业速度的稳定性和操作者的差异。不进行评定而原封不动地使用测定时间值时，便会看出作业速度与测定值的偏离，因此，精度和偏离相适应即可。

（4）实施观测。

①确定测时方法。运用秒表测时，通常有两种方法。

a. 连续法。为了避免秒表指针回零所产生的时间累积误差，连续观测法在起动秒表后，将持续不停地进行测定，即在每个作业要素的始末处，从转动的指针位置读取并记录时间值，各个要素的时间值待观测终止后，用减法求之。

b. 归零法（反复时间观测法）。在作业要素的始点起动指针，于作业要素的终点时读刻度值，然后指针立刻归零，并将此办法反复进行下去。此法把秒表设计成一按起动柄，指针就回到零位，一放手指针就起动，因此，使用很方便。反复时间观测法不必进行减法运算。

对有经验的观测者来说，两种方法均可；当测定技术不熟练时，使用归零法会使计时准确性差，对于时间短的作业要素，连续法更为可靠。

②观测要领。

选择适宜的观测位置。应站在不妨碍作业者进行作业的侧前方，距离约为2m。

把观测板挂在肩上，调节秒表位置，使秒表、操作者与观测者的眼睛在一条直线上，以便迅速地观察和记录。

观测时要经常观察作业，只有接近作业要素（操作单元）的终点时，才迅速看表。

在作业要素的始末读取时间，然后记在观测用纸上。

记录完后必须立即把视线转向操作者。

③观测用纸的记录方法。

在作业要素（操作单元）栏，按作业顺序记上操作单元名称。

采用连续法时，在读数栏记上读出的时间值。

记录时间值时，DM单位可用两位数，第三位是分的单位，仅在第三位变化时记载。

读取时间值失败时，在对应栏内划"—"号，切不可随便写假数字。

如果操作者漏作了某一操作单元，则在对应栏内划"—"号以示取消，如果漏作或过失较多，应停止观测，让操作者熟悉操作标准。

偶然发生的除外动作（与操作单元无关的动作），应依次在对应栏记下A、B、C、D等，并在"除外动作"栏内做简要说明并记载其起止时间，时间短促者可忽略。

④观测结果的整理和分析。

在观测用纸上计算每一操作单元的延续时间记入对应栏（计算方法为该项操作元的终结时间减去前项操作元的终结时间）。

检查核实记录，删去不正常值，求出正常延续时间。

计算有效观测次数，求出每一操作元的平均延续时间。

将各操作元的平均延续时间相加，求出工序的作业时间。

⑤计算稳定系数。系数等于测时数列中最大值除以测时数列中最小值。若某项操作元的系数越大，说明该项操作时间越稳定，反映工人操作的熟练程度高，反之，则说明操作时间不稳定，反映工人操作不熟练或有其他干扰。

（二）工作抽查法

1. 工作抽查的定义

工作抽查（work sampling）就是对作业者或机器的工作状态进行随机观测，并以其累计观测数据推定各观测项目的时间构成及其演变状况，对工作状况进行分析、研究和改进的一种技术。

2. 工作抽查的基本原理

工作抽查的原理并不复杂。假定在任意选择的时刻对被测对象进行观测，如果共观测10次，则把这10个时刻的观测叫作观测次数10；若观测对象是5个作业者、每观测一次可以得到5个样本值，观测10次时，得观测总数（简称观测数）为50。在这50个观测数中，若作业为18次，宽放（在作业时间中用于必然发生的事情，如操作上、管理上、生理上的 需要而附加的时间）为32次，因而可知：

$$作业率=（P）=\frac{18}{50}\times 100\%=36\%$$

通过观测求得的作业率同真实的作业率之间的偏差叫作观测误差。观测误差越小，作业率的置信度越大；观测误差越大，其置信度越小。对工作抽查来说，置信度不应小于95%。

由于不是全数调查，所以必然产生误差，故通过抽查只能基本推断总体的状态。为此可根据要求，规定一个允许的误差范围，使所取样本的数量足够大，其结果能在允许的范围内（达到一定的可靠度，如精度）即可。

3. 工作抽查的用途

工作抽查是对作业直接进行观测的作业测定（时间分析）法，它的用途是：

（1）通过工作抽查计算工作者各种活动的时间构成比，这是对工作状况进行评价的基础。

（2）可用以调查不同时刻、不同期间的工作状态。

（3）可用以研究机器设备的工作效率。

（4）可用以设定非循环作业的标准时间。

（5）设定包含在标准时间内的宽放时间。

（6）检查标准时间的合理性。

（7）规定用以修正标准时间（通过生产批量）的系数。工作抽查技术对于设定下列工作的标准时间特别有用，如不重复的办公室工作、分析实验室工作、维修保养工作、通常的制造和装配工作、船舶制造、电气开关装配、重型机器装配、飞机修理等。使用这种方法设定标准时间、研究制订工作标准是较为适宜的。

4. 工作抽查的特点

（1）工作抽查的优点。

①测定效率高而且经济。一名观测者一次可担任20名左右的作业者和相应设备的抽样，测定效率高而且经济。

②所得数据资料失真小、准确度高。因为连续观测，往往会使作业者的作业失真，而工作抽样可观测到比较自然的状态。

③可适用于多种作业。因为可以通过瞬间取样观测，所以在种种不规则的时刻进行的作业和在很短时间内进行的作业也都可成为观测对象。

④几乎不必训练观测者。

⑤确保观测结果的精度。由于观测误差能通过观测次数计算出来，所以能保证结果的精度。

（2）工作抽查的缺点。

①有时往返走路时间多，应合理安排观测路线。

②只能得到平均结果，得不到详尽细致地反映个别差异的资料。

③如果出现工人看到观测者立即改变操作情况时，会使抽查失真。

④对生产周期短或重复性高的作业，不如使用连续抽样好。

5. 工作抽查的准备工作

（1）拟定抽查计划。确定抽查的目标和拟达到的目的；取得有关人员的理解和支持；确定观测对象的范围；编写观测项目表及观测的详细内容等。

（2）决定观测数。就工作抽查来说，观测数越大，得出的推断结论越确实可靠，但所耗费的人力和费用也越多，故应按统计理论确定合理的观测数（n）。

（3）决定观测期间及一天的观测次数。工作抽查的期间依作业对象的内容而异。对装配线上的作业，因其工作内容稳定而均匀，故可用较短的期间做调查，但对于修理作业等工作内容不均匀的作业，就需要较长的时间进行调查。

观测数=观测对象数×1日的观测次数×观测日数

（4）决定观测时刻。观测时刻的确定以随机抽样和等时间间隔抽样为宜。为在观测中不产生偏倚，观测期间的全部时刻的选择机率要均一。为了随机选择观测时刻，可利用随机时刻表、乱数表、计算器等。

（5）选定观测通路和观测人员。为避免刺激被观测人员，应事先决定几条观测通路，随机决定采用哪一条通路。选择的观测人员必须熟悉观测项目的内容，如观测人员较多时，应统一判断基准。每一观测人员所承担的观测对象以20～30为宜。

（6）设计工作抽查表。工作抽查要眼看手写，为使抽查工作准确而有效率，应事先设计好表格，表格的形式和内容依抽查的内容和目的而定。下面的抽查表是针对服装厂的生产加工车间的作业，为研究各项作业的时间构成而设计的，见表3-1。

表3-1　工作抽查表

			观测时间				
观测项目			8时13分	8时21分	……	16时25分	合计
作业	主作业	自动铺料					
		手动送料					
	辅助作业	面料搬运					
		计量					
	附带作业	辅助工具装卸					
		面料准备					
		后期清理					
	小结						
宽放	作业宽放	调试机器					
		清点工具					
		数量检查					
	管理宽放	作业衔接					
		问题协商					
		下班前清扫					
	生理宽放	上厕所					
		饮水					
	疲劳宽放						
	合计						
非作业		迟到、早退					
		闲谈					
		休息					
不在		离岗不明					
合计							

工厂名：_____ 车间名：_____ 观测者：_____
××年×月×日（自8时00分至17时00分）

表3-2和表3-3是为调查人或设备的作业（开动）率而设计的。

表3-2　瞬间观测记录表

观测对象 (人或设备)	观测次数																			
	1		2		3		4		5		6		7		8		9		10	
	开	停	开	停	开	停	开	停	开	停	开	停	开	停	开	停	开	停	开	停
甲																				
乙																				
丙																				
丁																				
…																				
观测日期			观测者				开始时间					终了时间									

表3-3　空用时间分析用表

观测对象		操作	空闲	合计			操作率
机器	1#	正正正正正正丁	正正正下	32	18	50	64%
	2#	正正正正正正下	正正丁	38	12	50	76%
	3#	正正正正正	正正正正正一	24	26	50	48%
操作者	1#	正正正正正丁	正正正正下	27	23	50	54%
	2#	正正正正丁	正正正正正下	22	28	50	44%
	3#	正正正正正正下	正正正丁	33	17	50	66%

6. 实施观测

为了熟悉抽查对象的工作内容，预测发生率和确定观测项目等，可进行1～2天的预备观测。实施观测时，不得掺杂观测者的主观意识，由于观测对象是处在经常变动状态，所以采取瞬时观测为宜。在观测过程中要选择面对观测对象的观测点，当观测者到达观测点的瞬间即应进行观测，边观测，边记录。为记录方便，可使用带有记录板的十进位计分秒表或带有读数窗的电子计时器。在国外，由于IE技术的推广，已出现了各种比较先进的记录设备和工具，不过比较常用的还是秒表。

7. 观测数据的整理、汇总、分析、研究

首先按观测项目归类汇总，在机械工厂的观测项目可分为加工作业、准备作业、设备调整、搬运、清扫等，又可分为工作中可避免的迟延（等待材料、等待搬运、修理等）以及不可避免的迟延（因疲劳而休息、喝水、擦汗等）三类。其次，对各类项目所占的比例及发生的原因进行分析研究，寻求尽量减少不可避免的迟延和增大作业率的措施，为制定标准时间

和工作标准提供基本依据。

二、合成法

利用已有资料（各种报表和以往经验及过去求过的时间值）进行时间值分析推断的方法有：预定时间标准法（PTS法）、机械时间算出法、标准资料法和实际成绩资料法等。

（一）预定动作时间标准法

1. 预定动作时间标准化的定义

美国人西格（A.B. Segur）在对残疾人进行职业训练时，发现不同的人做同一动作，所需要的时间值大体上相同（偏差一般为10%）。这就是说，若把作业细分为基本动作要素，则各个基本要素所用的时间基本相同，其时间值通过对实例的计算便可求得，进而便可求得整个作业的时间。基于这种思想，西格于1926年发表了《动作时间分析》一书，即MTA。此后许多学者开始研究各种无须观测，通过推算即可确定时间的各种方法，PTS法便是其中一种。

预定动作时间标准法（简称PTS法）是制定工作标准时间的一种方法。它无须通过测时来决定工作的正常时间，而是直接将组成工作的各动作单元顺序地记录后，按每个单元的特性逐项分析查表，求其时间值，然后累加，即为该工作的正常时间，再予以宽放即得标准时间。

数据表中的标准时间值，是经过长时间而且广泛的时间研究取得大量数据，逐一进行综合分析的产物。它几乎把工作中每项人体动作都包括在内。这些时间消耗标准具有充分的代表性和很高的精确性。

2. PTS法的优点

PTS法的突出特点是不须经过时间观测，只要确定了工作的动作形态，即可利用标准数据表，在办公室里通过简单计算，就可确定该项工作的标准时间。时间研究人员只需检视工作物的蓝图、工作地布置以及操作方法的内容就能准确地确定工作物实际操作的生产周期，而且可根据使用的不同工具和操作方法，确定出不同的时间消耗值，这对研制新产品、成本核算、选择方案、进行决策都有重要作用。

3. 预定动作时间标准数据的用途

（1）为方法研究提供评价依据。

①由于各操作单元的时间消耗值有标准数据可查，使事先评价成为可能。

②用于对所选用的工装、设备进行评价。

③作为产品设计时的辅助参考。

④作为对操作者和时间研究人员进行方法训练的衡量标准。

（2）制订时间标准。

①预定动作时间综合数据，直接应用于操作时间标准的制订。

②将某些特定类型工作的标准数据与公式加以编撰成一综合数据表，可以更迅速地制订其时间标准。一般工厂中的各种有形动作中大多数的时间标准均可由此基本动作时间加以

制定。

③验证时间研究所建立的时间标准的准确性，防止评定不当造成失误。

④预定的时间值客观、方便、简易，因为运用观测技术，对0.04min以下的单元时间进行观测已很困难，再将观测值修正为正常速度的评定，难免带主观因素。预定的时间标准已包含正常速度或正确评定的含义，故较客观、简便。

4. PTS法的种类

到目前，按照同一原理发展起来的具体方法已有40多种，其中较著名的且应用较广的有MTM法（方法时间测定法）、WF法（工作因素法）、WF简易法、MOD法（模特计时法）等，这里介绍MOD法。

5. 模特法（MOD法）

（1）MOD法的由来及其理论根据。MOD是英语modular（模块化）取其前三个字母来命名的。该法是澳大利亚人哈依德根据人类工效学研究的成果，经多年实践而创造的一种简便的PTS法。由于MOD法简便易行，特别适合目前工业生产多品种、小批量、产品更新换代快的特点，是专业人员乃至工人都能掌握的快速制定标准时间的一种方法。由于人的动作及其所需时间既有差异性，又有类似性，PTS法（包括MOD法）就是根据这种类似性创立的。

通过工效学研究发现，身体各部位动作时，最快速度与正常速度的比值，都极其相似，如:手的动作为0.57s，身体往复弯曲动作0.51s，反复站立动作0.59s，屈膝动作0.47s。大量的研究结果表明它们的比值近似一个常数，这就为寻求动作时间的代表值创造了条件。

此外，西格关于不同的人做同一动作所需要的时间值大体相同（偏差在10%左右）的这一重要发现，以及哈依德在对人类工效学进行研究时发现，使用身体的不同部位做动作时，其动作所用的时间值互成比例关系（如手是手指的2倍），而且人们都表现出极其相似的结果。因此，有可能根据动作时所使用的不同身体部位直接计算其时间值。使用身体的部位不同所需的时 间值也不同。

由于MOD法是建立在这个理论基础之上，所以MOD法就是用人体各部位有形动作时间的比值，确定和表示动作时间值的一种方法。它以劳动者最简单的手指动作所需时间为基础（称为1MOD），人体其他有形动作都可计算为手指动作的整数倍，即若干MOD，进而又可计算出一个工序、一条作业线、一种产品的生产所需时间。根据实验，手指动作（移动2.5cm）所需时间为0.1s左右，通常规定0.129s，把它定为 1MOD的时间值，再把人体所有有形动作划分为21种，每种动作都确定出所需模特数（即相当于所需时间），这样只要知道人体动作的部位，既不必测量也不用查表，就能立刻确定该动作所需时间。

在企业里，方法研究与MOD法结合使用可以收到更好的效果。如日本索尼公司，应用MOD法对操作标准（作业指导书）进行重新估价和修订，工人主动提出自己修订标准的要求，将各自的作业时间记录在作业指导书上，按照MOD法修订作业指导书，结果提高了生产效率20%。此外该公司的S厂，应用MOD法后，两种产品的工时分别降低了26.1%和16.4%。我国上海金陵无线电厂推广MOD法使该厂流水线生产能力提高40%，负荷率由62%上升到80%，达到全国同行业最高水平，半年就节约成本费80万元。

1MOD=0.129s=0.00215min

1s≈7.75MOD

1min≈465MOD

```
                                                              ┌─ M1手指的动作
                                                              ├─ M2手的动作
                                               ┌─ 移动动作 ───┼─ M3小臂动作
                                               │              ├─ M4大臂动作
                                    ┌─ 移动 ────┤              └─ M5大臂尽量伸直(肩部)
                                    │   动作    │
                                    │          │              ┌─ M1的反射动作记为M1/2
                                    │          └─ 反复    ───┼─ M2的反射动作记为M1
                                    │              反射动作    ├─ M3的反射动作记为M2
                          ┌─ 上肢 ──┤                          └─ M4的反射动作记为M3
                          │   基本   │
                          │   动作   │                          ┌─ G0接触、摸的动作
                          │         │              ┌─ 摸、抓 ─┼─ G1简单抓取动作
                          │         │              │   动作    └─ G3复杂抓取动作(需注意力)
                          │         └─ 终结 ───────┤
                          │             动作        │          ┌─ P0简单的放置动作
                          │                         └─ 放置动作┼─ P2需注意的放置动作
        工厂内基本动作 ───┤                                     └─ P5需注意的复杂放置动作
                          │
                          │                                     ┌─ F3碰踏动作
                          │   下肢和腰部基本动作 ───────────────┼─ W5行走动作
                          ├─────────────────────────────────────┤─ B17弯曲身体动作
                          │                                     └─ S30站立—坐下动作
                          │
                          │                                     ┌─ L1重量修正
                          │                                     ├─ E2(独)眼睛动作
                          └─ 附加动作 ──────────────────────────┼─ R2(独)校正动作
                                                                ├─ D3(独)判断动作
                                                                ├─ A4(独)按压动作
                                                                └─ C4回转动作(手持物)
```

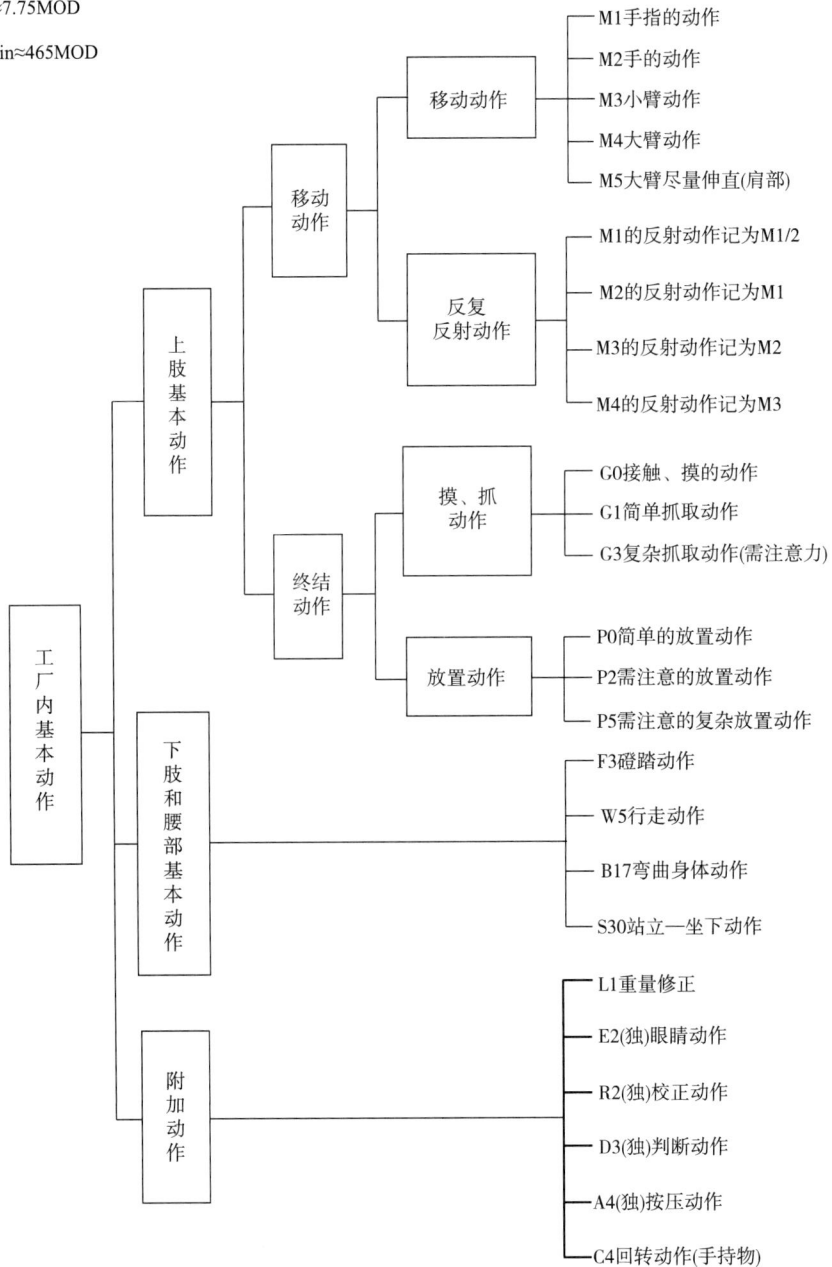

当有效重量0～2kg时重量因素为0；当有效重量2～6kg时重量因素为L1；
当有效重量为6～10kg时重量因素为L1×2

图3-1 模特法动作分类图

（2）MOD法的特点。

①用人体各部位的动作时间与手指动作时间的比值来表示该动作的时间值。

②动作时间比是以手指平均动作2.5cm所需时间为最小单位（1MOD），身体其他部位动作的时间都用手指动作时间的整数倍表示。

③动作分类代号的号码与时间值是一致的，既表示某部位的动作，又表示所需时间（MOD数）。

④只要知道使用身体的部位、动作的大概距离和负荷的大概重量，不必用测时器具，通过简单分析就可求出动作时间，所以，它是一种能在分析动作的同时，直接求出纯工作时间，将动作研究与时间研究有效结合起来的一种方法。

⑤简单实用、精确性高、简便易学、容易普及、培训费用低，用一张简图即可概括全貌，如图3-1所示。

（3）MOD法的动作分类和时值计算。

①移动动作（图3-2）。

a. 手指动作（M1）。指尖到指根，动1次为1MOD（相当于手指移动2.5cm）。如用拇指和食指拧螺帽，一进一退各1MOD，拧几次乘以几；再如搬开关、回转小旋钮都是手指动作。

b. 手的动作（M2）。从手腕到手掌、手指的动作，包括手腕旋转（有时也略微用到前臂），如不动前臂、不用尺，用铅笔在纸上划一条长5cm的线的动作（相当于移动5cm的距离），再如转动门把手、转动调谐旋钮都是手的动作。

c. 前臂动作（M3）。前臂、手、手指的动作，原则上不能移动肢关节（可略动）。如在纸上划一条15cm线的动作（相当于移动15cm）。M3范围内是最佳作业区。

d. 上臂动作（M4）。以上臂为主的动作，前臂、上臂成一个整体的自然动作，移动距离30cm。当手臂充分伸展在身前方进行操作时，手的移动距离超过30cm，可视为M5，因有上身前倾的辅助动作，所需时间仍应分析为M4。如把手伸向桌子前方，去取略高于头部的工具。

e. 伸直上臂（包括肩）的动作（M5）。无身体辅助动作下，需伸直上臂的动作，手移动距离为45cm，该动作有筋肉疼痛感。如把手伸向高架。M5应尽量减少。

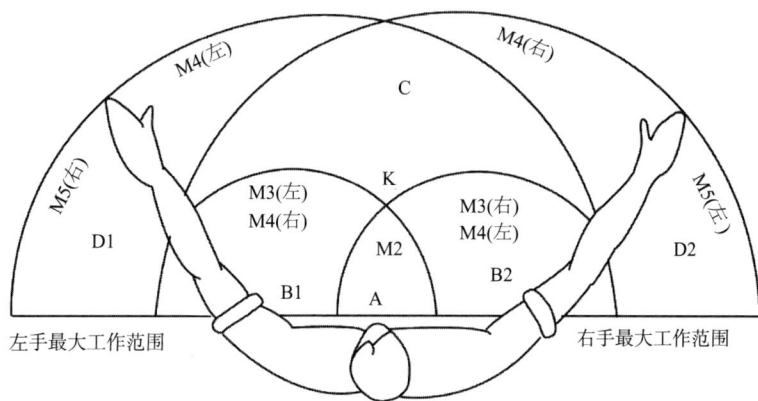

图3-2　作业区划分

A、B1、B2-正常工作范围（手指、腕肘运动）　K-装配点　C、D1、D2-最大作业区

f. 反复动作（又叫反射动作）。操作时虽需用眼看，但无须特别注意的多次重复动作。该种动作速度较快，所需时间是有意识动作的70%。如锉刀、钉钉子、拉锯、用橡皮擦字等。

其中，手指的反射动作为1/2MOD，手为M1，前臂为M2，上臂为M3，以上均为单程时间，M5不发生反射动作。

②终结动作。

终结动作是指移动动作进行到最后时，要达到目的地的动作。根据目的不同来决定不同的动作种类。

a. 抓、触、推、按（G）。

G0指用指或掌接触目的物（没有要抓住的意思，只是触及一下），一般不计动作时间；

G1指简单地抓取物品的动作，如"用手拿起桌上钢笔"这个动作中的"拿"。

G3指复杂的抓取动作，是G1所做不到的。如抓取硬币、针、垫圈或抓取桌子上、箱子里放着的物品中的一个（它包括选择、取舍的时间）。

b. 放置、装配（P）。

P0指不须用眼注视周围情况而把物品放到目的的动作。如把手中的笔放在桌上；

P2指需要进行一次修正才能放到目的地的动作（以有无修正以及放置时有无疑惑来区分是P2还是P0）。如往茶杯上放盖、往螺栓上放垫圈。应用时，凡P0、P5以外的放置动作均可分析为P2。

P5指需要用眼看着的复杂的放置动作。该动作过程中伴随明显的疑虑，要进行两次以上的位置修正，或者操作困难或者目的物与目的地不协调，或者必须很整齐地重叠放在正确位置上等。如将改锥放到螺钉的起子槽中，把螺母装在螺钉上、把飞轮装在轴上（如果装配件的50移动距离超过2.5cm时，认为还有移动动作）。

c. 下肢和腰部基本动作。

脚踏动作（F3）指脚跟不动脚掌下踏。如踩汽车加速踏板，一踏一放为F3。脚跟离地的动作不算踏脚，而分析为走步动作W5。

走步（W5）指向前进一步、后退一步、侧移一步、用脚支配身体转动或平移都分析为走步（W5）。MOD法中，步行时间不以距离计算，而以步数计算。

弯腰（B17）指从屈身弯腰到起立恢复原状的往复动作为B17。

坐立（S30）指坐到椅子上再站起来或与此相反的动作（包括坐下时拉椅子的时间和起立时推椅子的时间）。

d. 附加动作。

校正（R2）指抓东西时发生的修正、整理动作。如抓起铅笔后接着调整拿的姿势，才能进行写的动作，再如拿起螺丝刀后在手中调整拿的姿势，抓起螺钉后在手中调整拿的部位等，这些动作只有单独发生时才计算时间。

目视（E2）指包括眼睛的移动和调整焦距，只限单独使用时，与其他动作同时发生时不计算。如视线移动超过30°和20cm便作为一次E2计算，视线角度为110°时，还须转动头部，这时应为 E2 × 3 = 6MOD。

判断（D3）指动作与动作之间出现的瞬间判断，是作业中的一种极简单的检查。如判断黑或白、判断开或关等。移动视线判断每个产品时为D3。

回转动作（C4）指用手或臂使目的物作圆周运动（不足1/2圈的按移动计算），与回转直径无关。如旋转车床手轮、用手拧铅笔刀都按C4计算。

压（A4）指为克服反作用力而对物体施加的压力，压力少于2kg的不计算。如用螺丝刀扭紧螺丝时最后的加压动作。只有单独发生加压动作时才计算。

重量修正（L1）指重量影响搬运速度。2kg以下时间值为0；2~6kg= L1；6~10kg = L1 × 2（以下每增加2kg，时间值增加2MOD）。

双手持物时以实际重量的1/2计算，滑动送运时以实际重量的1/3计算。

（4）MOD法的用途。MOD法分类简单、易学易记，管理人员、技术人员、工人都可以用它算出动作时间，所以应用非常广泛。

①生产部门。用来计算纯工作时间；改进作业，调整工序，提高生产线平衡率，改进生产布局；研究指导作业；对作业改进进行评价。

②工艺部门。用于生产系统的评价或设计；标准作业评价；操作性能评价；制定作业工时，编制人员计划；改进和完善生产设备和工夹具。

③设计部门。用于零件、产品的作业性能评价；标准作业顺序的评价；试制工作检查。

④管理部门。用于计算标准时间、纯工作时间、加工费用。

⑤供销部门。用于对外协厂进行作业咨询。

⑥其他。用于动作分析、评价、研究；对新工人培训；对改进提案的评价；开展班组活动的工具。

动素图为运用MOD法计算时间打下基础，运用MOD法求动作的时间值可以变观测为计算，如图3-3所示。

左右手同时动作时，哪只手的MOD数大就按哪只手计算，另一只手不计。当动作持续时间较长时，要用计时仪器单独测量。

（二）标准资料法

1. 标准资料法的定义

标准资料（standard data）指的是通过时间研究的各种方法所搜集的数据和经验数值，按工作单元归纳、整理成为单元时间标准。标准资料法，就是运用数据库中已存储的这些标准资料，迅速而又经济地制订类似作业的标准时间的方法。

这种方法的思路是把作业的内容分为不变单元与可变单元两种。在同类作业中，不变单元相同，可规定时间标准，而可变单元的时间则可根据影响变动的因素与时间值的关系求得，从而可用时间合成的办法算出所求作业的时间，这是标准资料法的特点。

标准资料有等式、曲线、数表、计算图表等表现方式。根据作业的具体情况，运用上述标准资料，可迅速地制订类似作业的标准时间，而不必重复进行同类作业的时间研究。为确定某一项工作的标准时间，不需要对该项工作进行直接观察，可以利用存储的数据（标

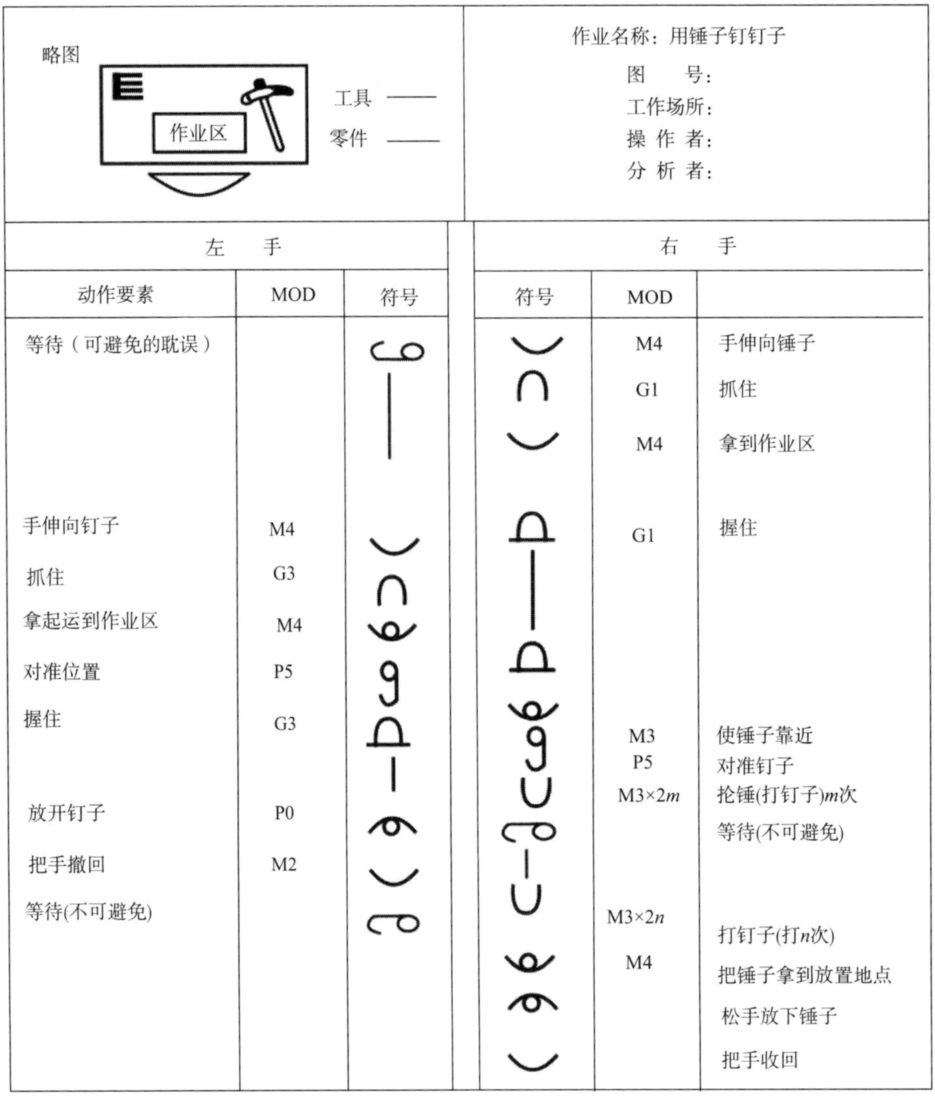

略图	作业名称：用锤子钉钉子
工具 ——　零件 ——	图　　号： 工作场所： 操 作 者： 分 析 者：

左　手			右　手		
动作要素	MOD	符号	符号	MOD	
等待（可避免的耽误）				M4	手伸向锤子
				G1	抓住
				M4	拿到作业区
手伸向钉子	M4			G1	握住
抓住	G3				
拿起运到作业区	M4				
对准位置	P5				
握住	G3			M3	使锤子靠近
				P5	对准钉子
				M3×2m	抡锤(打钉子)m次
					等待(不可避免)
放开钉子	P0				
把手撤回	M2			M3×2n	打钉子(打n次)
等待(不可避免)				M4	把锤子拿到放置地点
					松手放下锤子
					把手收回

图3-3　双手动作分析（用MOD法求时间值）

准资料）进行合成，不仅节省时间和经费，而且可在工作开始前就设定该项工作的标准时间。

2. **标准资料法的应用条件**

标准资料是合成各种时间的基础资料，运用标准资料必须具备如下条件。

（1）必须有适当的作业标准。

（2）每一单元必须有清楚的定义。

（3）必须能分解成相似的单元。

（4）必须使用相似的方法。

（5）必须使用相似的设备。

（6）必须具有均匀的评定水平，即水平要平衡一致。

（7）必须具有适当宽放。

3．标准资料的编制程序

（1）准备工作。

①进行必要的调查研究。根据制订标准资料的要求，一般应对下述问题进行初步的调查研究：调查标准时间体系的现状；研究资料标准化的目的及其效果；明确对资料精确度的要求；作业的种类、特性；标准资料编制者的工作能力；已积累资料的种类及其质量等。

②制订工作计划并与车间、生产、技术、标准化等部门进行协商，并取得支持。

③进行预备研究。为了确定作业分类、测定因素、适用范围、有代表性的作业方法、不变因素与可变因素等，要选择几个作业进行预备研究，摸索经验。

（2）时间资料的搜集与汇总。

①测定作业时间，如果有以往积累的资料，则应充分利用。

②把作业要素分为不变与可变部分。

③规定不变部分的时间值，可使用算数平均数、中间值、发生频数多的值等。

④明确变动因素与时间值的关系。

⑤调整时间值，研究标准资料的表现形式。

4．标准资料的表现形式

用时间合成法求标准时间的关键在于确定变动因素与时间值的关系。变动因素不同，它与时间值的关系也不同。常见的变量间的关系有两种：一是其间存在着完全确定的关系，即所谓函数关系；另一种是找不到变量间完全确定的关系，但却可通过多次实验，从大量的偶然现象中找到其间的内在规律（或趋势），这种变量之间的关系叫作统计关系，或者说变量之间存在着相关关系。

表示变动因素与时间值的关系有下述几种方法。

（1）公式。这是表达变动因素与时间值关系的最简单方法。在用公式表示时，应明确指出该公式的适用范围，并给出发现计算差错的方法。

（2）曲线图。对于某些不成线性关系的变量可利用实验数据或统计资料绘成曲线图，这些变量之间难于用公式表达。

（3）数表。把变量之间的对应数值作成数表。数表的形式依作业内容和影响时间值的变动因素多少而异，有的简单，有的较复杂。影响时间值的变数越多，数表越复杂。

（4）计算图表。计算图表（nomograph）适用于包含两个以上变数乘除的情况，像是计算特定作业加工时间的专用计算尺。该形式计算比较简便，但制作图表较复杂，还易产生读数误差。在台式电子计算机及微型计算机已普及的情况下，其实用价值不大。

（5）用计算机计算。用上述各种方法获得的资料和制订的标准存储于计算机内，运用计算机对时间资料进行管理和使用，有利于迅速确定标准时间、有效地利用资料、提高标准的精确度、节省人力等，这种方式是今后的发展方向。

第三节　标准时间

一、标准时间概述

标准时间（standard time）指的是适于从事某项特定工作（作业）的熟练工作（操作）者，在特定的工作环境条件下，用规定的作业方法和设备，以持续工作而又不感到疲劳并在给予必要宽放时间的情况下，完成规定的工作数量和质量所需要的时间。简单地说，就是在一定条件下，完成一定质量和数量的工作所必需的时间。

标准时间的概念来源于泰勒的"合理的日工作量"（a fair days work）这一理论。泰勒在研究企业科学管理、提高生产效率过程中，为了制订工人的操作标准，以便实行有差别的计件工资制（即按操作标准工作的工人其计件单价高于不按操作标准工作的工人），主张以"最好的工作方法""平均水平的操作者""正常的速度"为前提的"合理的日工作量"作为客观的工作标准，从而产生了标准时间的概念。

二、标准时间的意义和用途

标准时间是时间研究的基准。凡欲对某一领域、某一过程的时间序列进行科学的分析研究，都不可避免地要确立相应的标准时间，非此则无法进行比较、分析和定量考察。因此，不能简单地把标准时间理解为时间方面的标准，而应把它看作为科学管理的基本因素。

标准时间的应用领域非常广泛，就企业经营管理范围来说，它除了用于计划工作（编制和生产作业计划、估算成本、确定销售价格、工序平衡、计算设备需要量和职工定员、确定工作者一天的工作量等）、日常管理（对生产和工作状况的监督指导、预算控制、成本管理、研究和改进工作方法、提高设备利用率以及对工人进行操作训练）和进行评价（对作业方法研究进行比较、改进或选择，生产设备和工艺装备的设计与选择，对工作者进行评比）以及测定劳动生产率之外，对企业标准化工作来说，标准时间又是研究和制订工作标准（当然也包括其他标准）的基础。

三、标准时间的构成

标准时间由正常时间和宽放时间组成，正常时间由观测时间加以修正后得出，即：

标准时间=正常时间+宽放时间

=正常时间（1+宽放率）

正常时间=观测时间×评定系数

（一）宽放时间

表示因各种原因发生的迟延的补偿时间。通常有作业宽放（组织性宽放、技术性宽放）、个人需要宽放、休息宽放、机器干扰宽放、奖励宽放等。其中作业宽放多需直接测定，其他宽放可根据已有资料计算。

1. **作业宽放**

作业宽放是对不规则的、非周期的作业和不能纳入标准时间的作业以及对不可避免的作业中断（滞后）所给予的宽放。如给机器涂油、不定期清理切屑、整理工作地、交换工具，因采用劣质材料而贻误工作、机器再调整等。如果上述要素是有规律发生的，就应包含在正常时间中，如果是没有规律发生的，便应包含在作业宽放中。如果在5个作业循环中有规律地发生1次的要素，可将其五分之一的时间分摊给各周期，作为正常时间的一部分。

2. **个人需要宽放（生理宽放）**

它是与作业本身无关的人们心理和生理要求所给予的宽放。它受温度、湿度、到饮水处和厕所的距离、作业条件、人种、地域、水土等的影响，一般每个车间都给同一比率，但对特殊作业则必须一项一项测定。

3. **机器干扰宽放**

当一人操作多部机器时，工人在调整工具或机器时，另一部机器已加工完毕，等待工人来更换加工材料，这种性质的机器停顿时间即为机器干扰时间，相反工人在机器工作时的空闲时间，则称为工人干扰时间。这些干扰的发生顺序、次数、时间如果是稳定并可测时，即可编入标准作业方法，列入正常时间；如果这种干扰的发生是不稳定的并且是难以预测时，可用干扰宽放予以修正。

$$宽放率=（宽放时间/作业时间）\times 100\%$$

（二）评定

评定就是为了把观测时间变成正常时间，即把观测者经过训练，在头脑中构成的标准作业速度同被选择作为观测对象的作业速度进行比较，然后给以定量的评价。

1. **评定系数**

评定系数是为了将从特定条件下的实际作业中得到的观测时间，变换成符合标准时间定义的标准时间的系数。例如，若用8min完成了正常时间是10min的作业，则评定系数应为125%；若用12.5min的速度完成的话，则评定系数为80%。如果上述的观测时间和评定系数是正确的，那么在两种情况下求得的正常时间都是10min。

2. **评定的种类及其特征**

（1）努力评定法。这种评定的特征是除了考虑动作速度之外，还根据作业的难度、操作的熟练程度和努力程度、作业条件等直接加以评定。观测者要在他的头脑里存储标准操作者按标准作业法以标准速度进行工作的完整形象，在观测时以此同被观测者的实际作业情形相比较，并给以定量的评价。

（2）小组评定法。它是对多数人进行评定的一种方法，即把每4人的评定值加以平均，以平均值作为小组定额的一种方法。用这种方法制订的定额受偶然变化的影响小。

由于评定是以人的感觉为尺度，所以观测者不仅要有丰富的经验，而且应经常地、反复地进行严格训练。如为防止头脑中的作业速度感觉发生变化，每天早晨用评定胶片（录像磁带）进行矫正。

由于人的感觉对识别很微细的动作时间是困难的，因此可把评价单位用5的倍数来表示，如90、95、100、105等（机械工作时间取值为100），这就是评定系数。

四、制订标准时间的程序

（一）作业标准化

由于标准时间是在特定条件下对工作所确定的时间，所以作业必须先行标准化，然后才能制订其标准时间。作业标准化包括确定特定的工作环境、作业条件、作业设备、作业方法和为完成该项工作所必须的宽放时间等。

（二）测定的准备

在选择制订标准时间的方法之前，应对下述情况进行调查:对象作业的周期、月产量、生产方式、产品或零件加工的连续性、作业的标准化程度、作业内容、达到什么精度、制订时间标准的费用等。当所用的测定方法确定之后，还要选择作为测定对象的操作者，并向他说明测定的有关事项。此外，要把与影响标准时间的条件有关的情报完全记录下来。

（三）选择测定方法

测定标准时间的方法有秒表法、工作抽查法、PTS法、简单PTS法、影像法的微细动作研究和记录动作研究、影像时间研究、标准时间资料法、计划估算法、实际成绩资料法、数学法等。每种方法各有其特点，故须根据使用目的观测定的对象作业性质选择适当的方法。

在新技术革命蓬勃发展、工业产品寿命周期缩短、多品种小批量生产越来越普遍的情况下，制订标准时间的工作，逐步转向由生产车间承担，测定方法也力求高效化和简易化。例如，简单PTS法、数学法、影像法的单循环期研究的出现，就是为了适应这种要求，但就目前我国的管理水平来说，传统的标准时间研究和测定方法仍有现实意义。

（四）实施观测、确定标准时间

首先进行观测，求出"观测时间"对"观测时间"加以评定，得出"正常时间"然后对"正常时间"加以宽放，得出"标准时间"。

标准时间始终是个基准值，有时也作为目标值。当标准时间被用于计划、管理和评价时，还要另行设定反映实际情况的系数，以此对时间值加以修正（这种经过修正的标准时间仍称为标准时间），修正系数通常又分为批量系数、熟练系数、小组作业系数、机械干涉系数等。

五、标准时间的修正

当运用标准时间制订作业计划、编排工序、进行成本核算时，必须根据实际情况对其加以调整和修正，使之能较真实地反映实际情况，通常的做法是将标准时间乘以修正系数。主要的修正系数有:

1. 管理系数

管理系数就是由于管理上的原因造成的，如下班前清扫工作地、停电、突然机器故障、待料、指导操作、联系工作、去医务室等。

2. 批量系数

企业采取多品种轮番生产，一次生产的批量较少，这类作业的工人常常是还没有完全熟练时，生产就结束了，这就要用比标准时间还多的时间，因此须用批量系数加以修正。

3. 小组作业系数

多人一起工作的小组作业或流水作业，要想把各个操作者的工作负荷分配得非常均衡是困难的，必然会发生一部分等待时间，这就要用小组作业系数加以修正。

4. 干涉系数

在一名操作者同时操作数部机器的作业时，往往会发生机器已经完成加工，而要等待操作者去拆卸或装上一个加工件的现象，这种因等待操作者的行动所引起的机器停止时间称为机器干涉时间。反之，因等待机器加工所引起的操作者空闲的时间，称为人的干涉时间，对此进行修正就要用干涉系数。工时消耗分类及标准时间构成如图3-4所示。

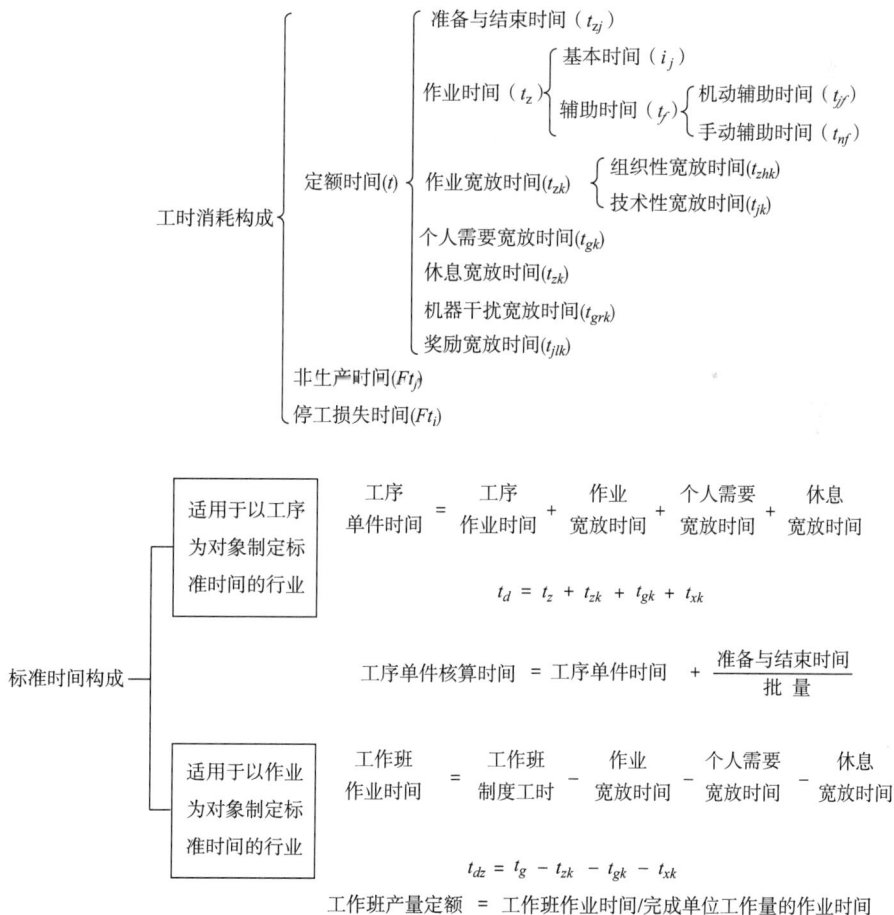

图3-4　工时消耗分类及标准时间构成

第四节　工作（作业）标准化

一、工作标准化的产生和发展

工作标准化是对人所从事的工作开展的标准化，通过制定工作标准，对工作（包括作业）的质量、数量、时间、程序、方法等做出统一规定，以便实现整个工作过程的协调运行和提高工作效率。

对人所从事的工作制订标准古已有之。就近代来说，19世纪和20世纪盛行的科学管理运动，是工作标准化产生并迅速发展的年代。这个时代（即科学管理的创始人泰勒所处的时代）恰是美国南北战争结束后不久的资本主义蓬勃发展时代，由于当时的管理水平仍处于经验管理阶段，与资本主义生产的发展很不适应，致使工厂的劳动效率低下，浪费严重，企业潜力得不到发挥。据文献记载，当时美国只有少数几个工厂的产量达到了生产能力的60%。人们普遍认为，只要加强管理，在不增加人员和设备的条件下，仍可使产量提高三至五倍。于是，提高工厂生产效率、改善经营管理、寻找合理组织生产的方法就成为当时急待解决的课题。

1. 泰勒的科学管理理论

泰勒的科学管理理论是建筑在时间研究的基础之上的。时间研究可以说是泰勒科学管理的重要内容。泰勒所进行的种种研究，始终把"调查影响作业时间的主要因素，以发现有关因素和时间之间关系的规律"作为他一贯的态度，这种想法便成为后来作业测定（又叫时间研究）的发展基础。

泰勒进行时间研究的程序可归纳如下：

（1）在某项工作领域内选择熟练人员作为研究对象。

（2）把该项工作的一系列作业和动作分成阶段，用秒表测定各种动作和作业要素的时间，还要正确地记录他们所使用的工具等的使用条件。

（3）研究影响各阶段时间的因素，并把握它们之间的关系。

（4）发现并排除错误动作、慢动作、无用动作及其条件。

（5）由各阶段最佳动作组成系统的作业方法，并教会作业者。

（6）测定采用这种作业方法所需的时间，把这个时间规定为所需工时数。

2. 基尔勃里斯的动作研究

泰勒认为，一切管理问题都应该而且可以用科学的办法加以研究，并从中优选出最好的办法。若能对其加以系统化、科学化、标准化，这种最佳办法便可律诸实现广在美国大力推行泰勒制的时候，工厂里无论是制订劳动定额、工时定额、作业计划还是成本核算，最后都要形成标准。工作标准化就这样伴随着工业工程的发展而发展起来，并成为工业工程的一项不可缺少的内容。

基尔勃里斯（1868～1924年）夫妇是和泰勒同时代的人，他们从另一个方面（动作）对人所从事的工作（作业）进行研究，这就是所谓的动作研究。基尔勃里斯的动作研究是从对建筑工人的砌砖作业中受到启发。他认为决定工作成果（生产量、时间、疲劳感等）的重要因素是动作（作业方法）。所以首先观察动作，依据因素序列划分动作，通过分析影响动作的因素能够发现最佳方法。这种最佳方法的衡量基准是：

（1）构成作业的动作要素要少。

（2）每个动作要素的动作时间要短。

（3）每个动作要素带给人的疲劳要少。

为了实现工作（作业）的合理化，就必须客观地掌握和记录人们的作业方法和作业条件，从中选择最佳的定为标准作业，并给定标准时间，这是实现工作方法最佳化的一般过程。其中对作业方案、作业条件的考察分析和标准化是方法研究的任务；对作业时间的考察、分析和设定标准时间，是作业测定的任务。基尔勃里斯的方法研究和泰勒的作业测定构成工业工程理论中互为补充的基本内容，是对工作或作业从动作和时间两方面进行研究的主要方法。

工业工程经过近一个世纪的发展，已经用现代化技术所提供的手段（高速摄影机、录像机、电子计算机）武装起来，研究方法和理论也取得了明显的进展，并运用了运筹学等先进的管理技术，成了一门崭新的管理技术。除此之外，近年来各种管理理论和管理学派蜂拥而起。尽管如此，泰勒科学管理中那些最基本的方法（除了对工人的强制做法为现代管理学派所反对之外）并未过时，据美国1971年出版的《工业工程手册》介绍，在现代科技发展的今天，仍有83%的美国公司和工厂应用泰勒所开创的某些科学管理基本方法。第二次世界大战之后，日本为了迅速恢复工业生产，振兴经济，积极推广泰勒制。尤为突出的是在日本的企业里，通过制订包括工作标准在内的一系列标准，使企业管理取得了奇迹般的成就，这已经是人所共知的事实。

我国的工作标准化起步较晚，虽然早在"一五"时期，东北的一些工业企业里曾开展过动作研究和时间测定，但那仅仅是为了制订技术定额和定额标准，没有发展成为开展工作标准化的阶段。我国的工作标准化是20世纪70年代末80年代初才真正开展起来。十一届三中全会以后，重视企业科学管理，强调提高企业经济效益，许多企业在总结自己经验和借鉴日本企业标准化经验的基础上，开始制订工作标准，十年来积累了不少成功经验。许多企业的实践证明，通过制订与技术标准互相配套的管理标准（包括工作标准）形成一个完整的企业标准化系统，是企业管理科学化、现代化的需要。工作标准对加强企业管理起了积极作用。当然，由于我国开展工作标准化的时间较短，经验总结的还不够，加上我国工业企业管理基础较差，开展工作标准化的困难和问题都还不少，还需努力探索和实践。

二、工作标准的性质和内容
（一）工作标准的定义

为实现整个工作过程的协调、提高工作质量和工作效率，对各个岗位的工作制订的标准叫工作标准。

这里所说的工作，不仅包括生产过程中的各项活动，而且也包括为生产过程服务、对生产过程进行管理的其他各项活动。其范围也不局限于企业，还可包括公共事业甚至政府机关的工作。

就生产过程来说，工作的含义，是指人们使用该工作要求的特定技术，把对象（例如毛坯）按照人们的愿望改变状态（如加工成品）的活动。所谓特定技术，是使对象按照人们的愿望而发生变化的保证，它在多数情况下是通过体力、工具、机械、设备、装置等实现的。至于改变则包括形态的改变、场所的改变、时间的改变，具体地说就是通过相应的加工、储存、运输等手段使状态发生改变。工作标准化的最终目标是实现整个工作过程的协调，促进工作质量和工作效率的提高。

（二）工作标准的种类

由于工作标准是按岗位制订的，而具体的岗位，可以说数不胜数，因此，只能将岗位大体上分为生产岗位（或操作岗位）和管理岗位（或工作岗位）。对前者所订的标准叫作业标准，对后者所订的标准叫岗位办事规则，这就是说工作标准可以分为两大类。

作业标准可按不同的生产（操作）岗位制订。如在机械加工企业里，有这样一些作业标准：机械加工作业标准、装配作业标准、检验作业标准、热处理作业标准、铸造作业标准、表面处理作业标准、涂漆作业标准、设备修理作业标准、包装作业标准、搬运作业标准等。而其中的每一类作业还可以进一步划分为更具体的操作岗位，制订更为具体的作业标准。如机械加工作业标准还可细分为：车工作业标准、铣工作业标准、钻工作业标准等。到底细分到什么程度，要依具体情况而定。一般来说，工厂里的岗位分工越细，标准的划分也应细些，这样才能通过标准对各工作岗位的要求做出确切的规定。

岗位办事规则，也有人把这类标准叫岗位工作标准，主要是对非操作岗位制订的工作标准。这类标准大多针对各种固定的管理岗位或某种管理职务而制订的。按管理岗位来分，如收发员、会计员、出纳员、打字员、调度员等工作岗位；按管理职务来分，如厂长、总工程师、总会计师、设计科长、办公室主任等。

（三）工作标准的主要内容

按岗位制订的工作标准，应包括的内容如下：

1. 岗位目标

企业是以管理目标为核心形成的多层次的管理系统。企业的方针目标，通过制订各部门、各分系统的管理标准，尤其是通过制订各工作岗位的工作标准，才能最后落到实处，工作标准是实现企业目标管理的有效措施。在确定每个岗位的工作目标（工作任务）时，一定要从整个企业的目标管理系统出发，根据该工作岗位在系统中所处的地位、所起作用以及整个系统对它的要求来考虑和确定它的岗位目标。就整个企业来说，确定岗位目标的过程，实际上是企业目标的系统分解过程，这样才能较为科学地确定岗位目标，就是制订好工作标准最重要的环节。

2. 工作程序和工作方法

任何一个工作岗位上的工作，只要是具有重复的特征，就可通过总结经验或试验，优选出较为理想的工作程序和工作方法，以达到提高效率、减少差错并使工作不断熟练的目的。将这些程序和方法纳入标准之后，既能提高个人的操作水平，又能使该岗位的所有工作人员的操作达到统一的要求，提到较高的水平。工业工程是优化和确定工作程序和工作方法的理想工具。

3. 业务分工与业务联系（信息传递）方式

现代企业以分工为特征，岗位是劳动分工的产物，分工必须明确，互相扯皮是分工不明确的必然结果；任何岗位都不能孤立发挥作用，都要依赖其他岗位的协作，这种相互分工、相互联系、相互协作配合的关系处理得越好，系统的效应越好。这里还包括明确信息的传递方式，如指令的传递程序、报告程序、信息反馈程序、信息传递媒介、时间、内容等方面的要求，这些可在工作程序的优化过程中同时解决。

4. 职责、权限

每个工作岗位都有与其承担的任务相应的职责和权限，这是行使其业务职能的必要前提。有职无权以及责、权、利脱节都会削弱管理效能。在制订工作标准时，要注意恰当划分各岗位的职责与权限，明确与相关联的岗位如何分工（划清分工界限、工作范围）、如何协调配合（各自承担的义务、应负的责任）以及该岗位必须具备的客观条件等。

5. 质量要求与定额

对岗位的工作必须规定明确的质量要求，有时还包括数量和时间方面的要求。能做定量规定的应尽量将要求定量化，不能定量时也要考虑对执行情况进行考核的可能性。凡能规定定额的岗位，均应制订定额（时间消耗定额、物资消耗定额），这样做既有利于考核、评比，也有利于正确贯彻按劳分配原则。

6. 对岗位人员基本技能的要求

岗位的任务是靠该岗位的工作人员去完成的，工作人员的素质能否适应该岗位工作的要求，对能否完成岗位任务起决定作用。企业的技术改进了、设备改造了，工人的素质（包括操作水平、文化水平、管理知识等）也必须相应提高，不同水平的设备要求不同等级的操作者，达不到要求的不能上岗工作。运用正技术制定出工作标准以后，便应用以训练工人。

7. 检查、考核办法

工作标准中有时还规定对各项要求执行情况如何检查、如何评价的办法。有的标准用打分的办法，有的用模糊评价的办法（如分一、二、三级），这两种考核办法各有长处。打分的办法较细致，但工作量大，执行起来不大容易。把各项任务执行的结果用较为粗略的分级的办法来评价，有方便易行的优点，但不精细，这方面尚须继续总结实践经验加以丰富和发展。

三、制订工作标准的原则要求

制订工作标准除应遵守企业标准化工作的有关规定之外，还应考虑下述的原则要求。

（1）使每个岗位的职责、任务服从企业总目标，通过制订工作标准形成全员的目标管理系统。每个岗位的具体目标是企业总目标的有机组成部分，并且是从有利于企业总目标的实现、根据总目标的要求而确定的，这就要求各岗位在制订本岗位工作标准时要从大局出发，坚持局部服从整体、小局服从大局的原则。

（2）岗位之间要互相衔接、互相保证，形成有机联系，保证整个管理系统工作协调。工作标准不仅要保证该工作岗位按时、按质、按量完成本职工作，还要保证与上下左右各相关岗位协调配合。制订工作标准的过程，实际就是互相协调、理顺关系的过程。这方面工作做的越好，标准的执行效果便会越显著。工业工程的方法研究技术（尤其是工序分析和作业分析技术）就是解决这个问题的理想工具。

（3）工作标准是为具体的操作者制订的，要使标准能被操作者所接受并且认真执行，最好的办法是让操作者亲自参加制订标准。由别人制订标准让操作者去执行的办法是不可取的。当标准必须由别人来制订时，最好也要请该岗位的工人参加讨论、发表意见。为了提高工作水平或操作水平，制订标准时可以熟练操作者的经验为基础。

（4）标准订出来之后，不是交给操作者了事，而要由领导（工段长、车间主任）组织培训。培训方式要灵活多样，可以由熟练工进行操作表演，可以组织新工人上岗培训，也可纳入工人技术等级考核内容。

（5）工作标准也同其他标准一样，在执行过程中还必须依情况的变化不断修改。由于影响工作标准的变动因素较多，必须经常对一些主要因素进行考查，看生产要素是否做到了正确结合，是否作为一个系统充分发挥了功能，注意各工作环节、生产工序的管理状态以及最终的工作质量、产品质量状况、工作人员（操作工人）的工作效率是否提高了，各环节的关系是否理顺利等，对标准的执行情况做出评价，为修订标准做好准备。

四、工作标准的制订方法和程序

工作标准的制订要遵循科学的方法，其中主要的是运用工业工程所提供的一整套方法和技术，使工作标准的制订方法科学化。大体的程序是：

（1）通过方法研究，对制订标准的岗位现状进行观测和记录。

（2）搜集与该岗位有关的各种信息、资料（原有的工作标准、工艺文件、操作规程、作业原始记录以及与工人素质和技术水平有关的资料）。

（3）根据对现状的记录，运用"5问4技巧加1表"和"动作经济原则"对现状进行分析、改进，确定标准作业法。

（4）以标准作业法为基础，对作业时间进行测定（运用秒表法也可用PTS法），并制定标准时间。

（5）起草工作标准。根据需要将方法研究和作业测定的分析、改进成果列入标准，如作业程序（包括工作分工和工作的联系方式）、作业方法、作业条件、作业环境、对该项作业的质量、数量和时间的要求等。这不仅能提高工作标准的科学性，而且有利于改进成果的巩固，同时再增加其他必要的内容，做成标准草案。

（6）标准草案经试行，按企业标准审批程序批准实施。

五、工作标准的表现形式

人类活动的内容，严格地说，每件都不同，工作环境、劳动资料的性质变化很大，劳动的结果在某些情况下可能是信息，而在另外的情况下，它有可能是某种简单的或复杂的物质实体；工作（加工）方法的变化几乎是无限的，工具、设备和工作地（如用什么东西工作和在什么地方工作）种类繁多，这些都构成了人们工作内容、工作方式的极端复杂性。工作标准，至今还未能像技术标准那样有固定的格式和体例。为了准确、鲜明地传达作业内容和对操作者提出要求，除了用文字叙述之外，还可用图形、表格、照片等多种表达形式。有时一个完整的标准也可以从几个方面用不同形式表达，尤其对必须特别强调的内容或关键性的操作岗位，可在操作者面前把必须提醒操作者注意的内容用特别醒目的形式标示出来。在日本的企业里甚至还有用漫画的形式表达所欲强调的内容，以期引起操作者格外的注意。这是工作标准表现形式的特点。

第四章　服装厂成衣生产管理

中国是纺织服装大国。历史上，中国是最早发明和掌握纺织品生产技术和文明的国家。中国的纺织品与服装，以及生产技术自古以来享誉世界，如今的中国已经成为服装生产和出口贸易额最大的国家之一。

成衣生产是从20世纪40年代开始的。电动缝纫机被采用，使得服装加工速度大大加快，促进了服装生产能力的成倍提高。由于服装加工能力随着缝纫机的逐步改进而不断增长，以小作坊形式为主的服装加工方式的不少弊病就暴露出来了，其中最突出的矛盾就是不能适应服装加工任务不断加大的需要。于是，又提出了作业分工的改进方案，即让一部分人专门从事裁剪，一部分人从事缝纫，一部分人从事整烫，这就是服装工程的雏形。

第一节　成衣生产准备

成衣生产准备包括从原材料准备到制定成衣生产技术工艺等一系列内容，成衣生产管理者必须了解和熟知生产准备工程的全部内容，才能科学、合理地安排组织好生产，使产品质量得到保证，从而使经济效益达到最佳。

一、原材料准备

原材料是成衣生产所必需的最基本的条件，成衣生产中原材料准备工作包括原材料的选购、进厂材料的复核与检验、材料的预缩整理等。

成衣产品涉及材料种类很多，从构成产品的结构上可以分成面料、里料和辅料三类。常用的服装面料有机织物、针织物、皮革、裘皮、塑料及非织造布等，这些材料根据各自的造型特征、悬垂性和弹性等决定服装的性能和用途。里料用于保持面料制成后的服装形态或遮盖面料背面的裸露部分。里料大多采用轻软、耐磨、表面光滑的织物，以减少层间的摩擦阻力，保证穿着时方便、平贴。辅料是指除面料、里料以外的所有辅助材料，包括衬布、填充料、拉链、纽扣、缝纫线、花边、商标、垫肩、包装材料等。就成衣生产而言，其中最主要的是衬料和缝纫线。

（一）原材料消耗预算

在材料准备工作中，一项十分重要的工作就是要对原材料的消耗进行准确的预算，正确地做出用料计划。原材料的损耗产生在生产的各个环节，正确估算损耗，生产中尽可能地降低损耗，是降低产品成本的重要途径之一。

成衣生产中的原材料消耗包括成衣产品用料消耗和生产中的损耗。具体构成如下。

1. 产品用料消耗

产品用料消耗是指成衣产品的裁片所使用的净的面、里料和辅料。产品用料消耗的预算可以参照样衣制作时的用量来确定。成衣生产样板已经确定时，则应该根据样板排料，准确预算出产品用料的消耗量。

2. 加工工艺性损耗

加工工艺性损耗是指生产中必要的损耗。包括自然回缩损耗、缩水损耗、疵点损耗、辅料的段料损耗、含疵点的面料损耗、试样用料损耗等。

3. 其他损耗

其他损耗是指原材料或成衣生产、保管、运输等过程中管理不善等造成的损耗。如生产中裁错的衣片、管理不当被虫蛀的面料、运输中沾污的面料等造成的损失。

以上各项损耗，在原料预算时，均需加以考虑。没有特殊要求的面料，损耗率为3%便可正常生产，但具体数值要视产品的具体情况和各服装企业的管理水平而定。

（二）原材料的复核与质量检测

原材料的复核与质量检测是指服装企业按生产计划把原材料购入后，要对其规格、数量、质量等级进行复查核对，并对其质量进行必要的检测。复核检测的内容是参照各种原材料出厂时的等级检验内容以及成衣生产的实际需要来确定的，一般面、里料复核内容有匹长、门幅、疵点和缩水率等，其他辅料的复核内容主要有数量、规格、疵点和黏合衬的质量检测等。原材料的复核检测工作一般在仓库或者裁剪车间进行，有些检测项目要在实验室进行。

成衣生产投料前，对原材料的质量、性能进行检验的目的是掌握材料性能的有关数据和资料，以便在生产过程中采取相应的技术措施，提高产品质量和材料的利用率。面、里料生产企业在产品出厂时，虽然按国家有关标准进行了全面质量检验，评定出了等级，但面、里料的色差、色牢度、纬斜、某些疵点和收缩率与成衣质量密切相关，服装企业还应该对这些项目进行重点检验。色牢度、耐热性及辅料质量检验可根据成衣的档次及设计要求选定。

例如，从服装加工和穿用的角度来看，应对面料收缩率作如下项目的测试：

（1）干烫收缩率。是指面料受温度作用而产生的收缩指标，为黏衬加工时参考使用。

（2）湿烫收缩率。是指将原料喷水使之受潮后，再进行熨烫加工所产生的回缩指标，为熨烫加工时参考使用。

（3）浸水收缩率。织物浸水后的收缩率称为缩水率。缩水率是表示织物收缩特性的常用指标。绝大多数情况下，成衣生产所用布匹是不进行浸水预缩的，因此在面料选购时，必须对缩水率提出严格要求。对于要进行水洗、砂洗等加工的服装，打板时需根据缩水率进行尺寸预放。

常用面料的缩水率见表4–1。

表4-1　常用面料的缩水率

面料类别	缩水率/%	
	经 向	纬 向
精纺毛织物	3.0	2.5
粗纺毛织物	3.0	3.0
涤黏中长混纺织物	3.0	2.0 ~ 2.5
纯棉织物	1.5 ~ 2.0	1.0 ~ 1.2
涤棉织物	3.5 ~ 6.5	2.0 ~ 3.5
真丝织物	3 ~ 10	2 ~ 3
黏胶纤维织物	5 ~ 10	3.0
合成纤维织物	1.0 ~ 3.0	1.0 ~ 3.5
涤纶针织物	3.0	2.5

再如，成衣生产中黏合衬的使用越来越多，黏合衬质量检验也变得日趋重要。黏合衬质量检验的内容主要有剥离强度、缩水率、热收缩、耐干洗和耐水洗性能、渗胶性能等。

（三）面、里料的预缩

如前所述，服装材料在生产过程中，经过纺纱、织造、染色、整理等各种理化处理，规格、数量、质量等级进行复查核对，并对其质量进行必要的检测。复核检测的内容是参照各种原材料出厂时的等级检验内容以及成衣生产的实际需要来确定的，一般面、里料复核内容有匹长、门幅、疵点和缩水率等，其他辅料的复核内容主要有数量、规格、疵点和黏合衬的质量检测等。原材料的复核检测工作一般在仓库或者裁剪车间进行，有些检测项目要在实验室进行。

在各道工序中所受强烈的机构张力导致织物发生纬向收缩、经向伸长的不稳定状态，使织物内部残存着各种应力及残留的变形。材料不同，其变形特性各异。因而在裁剪前要消除或缓和这些变形，以使成衣规格误差降到最低程度，以保证服装成品的形态稳定。

砂洗服装有面料砂洗和成衣砂洗两种处理方法。裁剪前必须进行小样预缩试验，试验条件和使用的助剂等要尽可能与砂洗处理条件一致，以获得准确的收缩率值，并按此加放样板各部位的尺寸，才能保证成品的规格。

服装企业在生产中常用的材料预缩方法有自然预缩、湿预缩、热预缩和蒸气预缩等。

目前一些大型服装厂已逐步开始采用预缩机进行预缩处理，这是较先进的预缩方法，效果更好，效率更高。

二、成衣样品试制

成衣样品的试制是根据设计人员设计的服装款式图（或效果图），经分析设计出结构图，然后裁剪试制出样品，以检验款式设计和样板设计是否合理；而接订单生产时的样品试制是根据客户的来样或样品制作指示书中的款式要求试制样品，试制样品又称为样品确认。

（一）样品试制的目的

1. 原材料设计与确定

原材料设计与选用是设计师设计成衣时的一项重要的工作。通过样品试制可以检验设计师所设计或选用的原材料是否符合设计意图，成衣的外观效果能否实现。第一次设计或选用的面料、里料和辅料达不到设计所要求的风格和外观时，需重新调整设计或重新选择，直至满足设计要求为止。

对于接订单生产的成衣产品，如果客户提供全部材料，则不必重新选择。实际生产中，客户有时只提供面料，里料和各种辅料需要按来样要求选用；有时客户只提出用料要求而不提供原材料，则需根据客户要求进行选用；如果没有与客户要求完全一致的材料，则需选择相近的材料，制成样衣得到客户确认后，方可正式选用。

2. 系列规格尺寸的确定

规格尺寸齐全是成衣产品市场占有率高的重要保证，成衣企业在开发新产品时，要在市场调研的基础上，根据消费者群的分布确定所设计成衣产品的系列规格。样品试制时，一般按中间号型设计制作样衣。决定投产后，依中间号型基础板推放出其他系列规格的样板。

接订单生产的成衣产品，如果是国内客户，仍采用上述国家标准号型规格；如果是国外客户，由于各个国家的号型规格尺寸是不同的，要按客户的来样要求的规格尺寸，确定中间规格（即M号），并以此为基础确定出其他规格尺寸（如S、L、XL、XXL号等）。

3. 确定成衣样板

在样衣试制中，样板设计师要按照款式设计师设计的款式要求和中间号型尺寸设计出最初样板，经裁剪制成样衣后方可看出设计效果是否达到，达不到设计和客户来样要求时，需重新修改，直至达到设计和客户来样要求为止。

4. 确定加工工序并测定工时

产品试制的缝制加工中，要先确定缝制工序顺序，按此顺序进行加工，同时记录每个工序的加工时间（即工时）。

所谓工序是指加工中不可再分的一个加工单元，如缝合领片工序、翻领角熨烫工序等。工序单元越小，流水线作业时工序编排、工序平衡和改进越方便。样品试制中缝制工序顺序的确定，一般由经验丰富的试样人员根据本厂或其他工厂生产过的同类产品工序顺序来确定。确定时还要考虑采用什么样的加工方法和专用机器设备。不同设备加工同一部件的工序数、工序顺序和加工时间都不一样。如缝制袋盖，通常先划袋盖粉印，然后缝合；有的采用半自动的缝袋盖机，只需将袋盖里、面料喂入夹具内，则可以自动进行缝制。可见，上述两种方法的工序数和工序顺序是不一样的。样品试制的同时要测定工时，即每道工序都要记录时间（秒数）。工序顺序和工时是工序编排的依据，也是制定生产定额和成本核算的重要依据。

5. 确定原材料消耗

通过成衣样品的试制，可以根据单件成衣产品的原材料消耗量，确定出该批成衣产品所需要的各种原材料的消耗用量。批量生产的成衣原材料消耗量计算时，要综合考虑批量生产时样板套排可节省的部分面、里料和前述各种损耗需增加的部分。

6. 工艺技术参数的测定

成衣生产的工艺技术参数很多，主要包括缝纫线的张力、缝迹的密度、机针的号数、缝迹的类型、熨烫的温度、时间和压力以及缝制各部位的工艺要求等，这是制订批量生产工艺、调试设备参数的重要依据。

（二）试样程序

1. 分析款式图或客户提供的来样

需着重考虑如下几方面：

（1）选择与设计要求合适的面、里料及辅料。

（2）分析结构造型特点和轮廓线、结构线的位置及零部件的配置。

（3）确定加工方法、工艺和采用的设备。

2. 结构设计与裁剪

（1）确定样品各主要部位尺寸。如女装的胸、腰、臀围和衣长、袖长、领大、腰节长等。

（2）结构图设计。根据已确定的尺寸规格、款式特点，选择适当的结构设计方法（原型法、基样法、立体造型法、比例法等）进行结构图设计。

（3）制作样板。在结构图的基础上，加放缝份和贴边，剪成样板。

（4）排料裁剪。依据样板在面料上合理排料、划样，裁剪出样衣裁片，并测定出用料量。

3. 样衣缝制

成衣样品缝制时，样衣制作师首先要设计确定出缝制工序顺序，并按此顺序进行缝制，缝制的同时要记录每道工序的加工时间（即工时），以便确定成衣批量生产工艺和工时分配。

4. 样衣检验

样衣缝制完后，要按款式图检查其是否达到设计要求，按结构图或客户来样检查其规格尺寸是否准确，加工质量是否符合要求。如果存在问题较大，则需重新制作。记录的工序、时间、工艺说明及样板等技术资料应归档存留，以备批量生产时作为工艺技术确定的依据。

三、生产指示书

成衣生产指示书是工艺设计师或生产部门接到生产通知单后，内销产品根据设计任务书中款式、用料等要求制订，外销产品根据客户提供的加工说明书中有关内容制订的，是用于指导生产的主要技术文件。内容包括：款式图、号型规格规定、原辅料明细表、排料图、裁剪方案、生产工序流程图、加工工艺单、流水生产安排及劳动定额等。

第二节　裁剪

裁剪就是按成衣样板把整匹的面料、里料和衬料等原料裁剪成不同形状的裁片的生产过程。包括裁剪方案制订、排料、铺料、裁剪、验片、打号、捆扎等内容，重点是裁剪方案制定、铺料和裁剪。由于裁剪工程裁剪衣片是数十、数百件同时进行的，成衣质量问题也是成批出现的。因此，是成衣生产中的一个重要环节，同时，裁剪工程还与用料的消耗紧密相关，直接关系到产品的成本。

一、裁剪方案制订

裁剪方案是指根据生产任务和生产条件，将某一生产任务的成衣数量和颜色合理搭配安排，并使材料的损耗减至最低的裁剪作业方案。裁剪方案的定制过程称为裁剪方案的制定，工厂里又称做分床。裁剪方案的合理制订是裁剪工程顺利完成的前提，不仅可以为裁剪各工序提供生产依据，而且可以合理利用生产条件、充分提高生产效率、有效节约原材料、为优质高产创造条件。

裁剪方案的内容包括：排料的套排件数与号型搭配、铺料方式、铺料层数和床数等。

同一批成衣的生产任务，可采用不同的裁剪方案进行裁剪。例如：某批成衣生产任务如下，可以采用两种裁剪方案进行裁剪（表4-2）：

表4-2　成衣生产任务裁剪方案

生产任务				
规　格	小　号	中　号	大　号	合　计
数量（件）	200	300	500	1000
方案一				
床次	S	M	L	每层件数	铺料层数	每床件数
1	1			1	200	200
2		1		1	300	300
3			2	2	250	500
方案二				
床次	S	M	L	每层件数	铺料层数	每床件数
1	1		1	2	200	400
2		1	1	2	100	200
3		1	1	2	200	400

方案一，每层只排一个规格的成衣，生产管理方便，但铺料层数比较多，特别是第二床

要铺300层。因此只适用于薄型面料。方案二，采用不同规格套排，有利于节约面料，且铺料层数也比较少，适用于中厚面料，但生产管理比方案一复杂。

两种方案各有优缺点。一般来说，裁剪方案制定时应遵循下列原则：

1. 符合生产条件

裁剪工程的生产条件主要包括铺料台的长度和宽度、裁剪设备（包括拖布、铺料、裁剪设备）、人员配置等。所确定的裁剪方案必须符合生产条件。例如铺料层数是依据电动裁剪机的裁刀长度来确定的，套排件数和铺料长度是依据裁床长度额等定的。

2. 节约用料

成衣生产中，节约用料是降低成本的重要途径。在裁剪工程中，节约用料的途径有以下几种：

（1）采用套排的方式排料，在满足生产条件要求的前提下，采用多件成衣套排，能够有效地节省面料。

（2）铺料时严格按照工艺要求进行操作，如布边对齐、段料位置准确、按原材料复核检验时标记的门幅分档使用等。

（3）铺料时布匹尾端的正确衔接或采用两个排料图混合铺等（后面详叙）。

3. 提高生产效率

确定裁剪方案时，要尽量考虑充分发挥人员和设备能力，达到节约人力、物力和时间，提高生产效率的目的。在裁剪工程中提高生产效率的途径有如下几方面：

（1）尽可能增加铺料长度和层数，以减少裁剪床数。

（2）尽可能采用先进的机械设备，如采用固定裁剪机与移动式裁剪机相结合的生产方式，以提高生产效率。

（3）采用计算机控制的自动裁剪技术，既可裁出精度高的裁片，又省人工并降低工人的劳动强度。

4. 符合均衡生产要求

对批量较大的生产任务，需多床裁剪，如果客户要求是独色独码包装，可单色单码裁剪。如果是混色混码包装（即每一包装箱中包含多种颜色、多规格的成衣），就要考虑到多种颜色、多种规格搭配裁剪。这样整理包装车间才能均衡包装出厂。

同一成衣生产任务的裁剪方案虽然可有多种，但最佳的裁剪方案是：生产条件允许多情况下，排料板数越少越好，铺料床数越少越好。

二、材料划样

排料就是按照生产计划和裁剪方案，在满足设计与制作工艺要求的前提下，将样板在规定的布料门幅内进行科学合理的排列过程。划样就是把排料结果画在纸上或布料上（计算机排料则把排料结果储存在计算机中），作为铺料和裁剪工序的生产依据。

（一）排料的工艺要求

排料中要严格执行工艺要求，才能保证排料质量。排料的工艺要求包括：

（1）样板经向与布料经向一致。

（2）保证衣片的对称性。

（3）保证面料正反面的正确。

（4）保证面料方向性正确。

（5）排料宽度与面料幅宽相等。

（6）节约用料。

（二）排料的方法

排料按操作方法目前有手工排料和计算机排料两种。排料质量的好与坏，很大程度要靠经验和技巧。

手工排料时要注意先将面积较大的主要部件（上衣的前、后身和袖片，裤子的前、后片）按工艺规定（样板经向与布料经向一致）排好，再把零部件较小的样板在大片样板的间隙中及剩余部分进行排列。并且要紧密套排，以尽量减少样板之间的空隙，充分利用面料。起始端和结束端要排齐，不可留有凹凸位。还要注意不要把拼接或缝合在一起的衣片的拼接或缝合的一侧分别排在布幅的两侧，以免拼接或缝合后出现色差（布料边缘易出现色差）。如上装后背中间合缝处，衬衫的过肩与前、后衣片衔接处，前衣片的门襟止口处等。

计算机排料时，要把所有衣片图形和必要的工艺要求提供给计算机，排料的方法有自动式排料和人机对话式排料两种。

生产中通常在一张与面料幅宽相同的纸上进行排料，排好后用铅笔把每个样板的形状绘出，得到排料图，或者把排料结果直接划在布料上，这一过程称为划样。不同企业根据成衣产品的特点和生产习惯的不同，可以采取不同的方法进行绘制。有复写法、漏板法、直接画法等。

如果采用计算机排料，排料图是储存在机器里的，可以由计算机控制直接进行裁剪或用绘图仪绘成工业排料图再进行裁剪。

三、铺料

铺料，又称拉布，就是按裁剪方案所确定的铺料长度、层数、每床的色彩搭配和床数将布料一层层地平铺在裁床上的过程。其质量的好坏，直接影响裁片尺寸的准确性和用料量。

铺料的工艺技术要求包括：

（1）布端布边对齐。

（2）长度、层数准确。

（3）布面平整。

（4）正反面准。

（5）张力小。

（6）条格、图案要对准。

（7）面料方向正确。

成衣生产中常用的铺料方式有单程铺料，单程铺料方式又可分为单程单向铺料方式和单程反向铺料方式，如图4-1、图4-2所示。

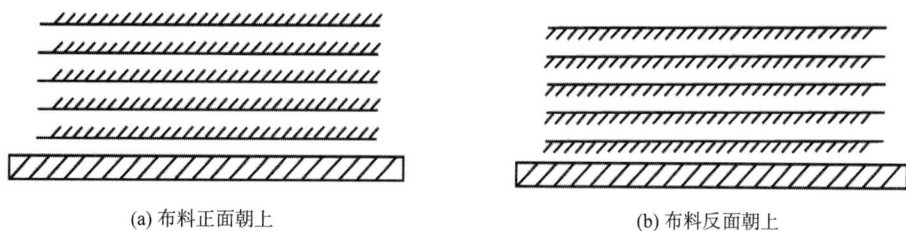

(a) 布料正面朝上　　　　　　　　　　　　　(b) 布料反面朝上

图4-1　单程单向铺料（单跑皮）

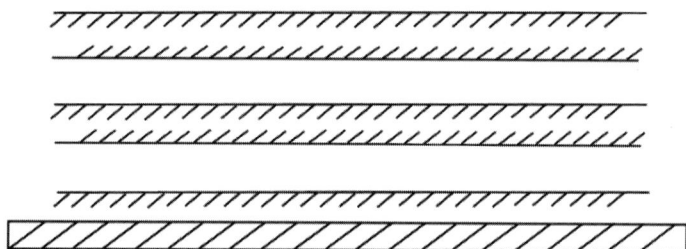

图4-2　单程反向铺料（双跑皮）

常用铺料设备有铺料台、机械式拖铺机、电脑控制拖铺系统、空气衬垫装置及吸气装置等。

四、裁剪

裁剪就是将铺好的多层面料，按排料图上的样板形状及排列位置裁成各种裁片的工艺加工过程。

裁剪是服装制作的基础，是服装生产中的关键工序，裁剪质量的好坏对服装的质量及缝制工序能否顺利进行有直接影响，因此，对于裁剪工序要有严格的工艺技术要求和较好的加工设备。

（一）裁剪的工艺技术要求

（1）保证衣片尺寸的精确度。

（2）保证定位标记准确。

（3）保证切口质量。

（4）保证切口不烫焦熔融。

（二）裁剪操作要点

1. 先小后大

裁剪时，应先裁较小衣片，后裁较大衣片。如果先裁了大衣片，剩下小衣片不容易把握，会给裁剪带来困难，造成裁剪不准。

2. 刀不拐角

由于裁刀自身有大约1cm的宽度，不能直接裁出精确度的拐角。因此，裁剪到拐角处时，应从两个方向分别进刀至拐角处，以保证拐角处的精确度。

3. 避免错动

裁剪时，压扶面料用力要柔和，不要用力过大、过死，更不要向四周用力。以免使各层面料间产生错位，造成衣片之间的尺寸误差。

4. 裁刀垂直

裁剪时要保持裁刀垂直，避免由于裁刀的倾斜导致的上下层衣片的尺寸误差。

5. 裁刀锋利

裁剪时要保持裁刀锋利和清洁，以免衣片边缘起毛，影响精确度。

6. 避免剪口处裁片熔融

裁剪合纤类面料时，应将裁剪设备的运作速度放低，适当减少铺料层数，或者间歇地进行操作等措施，使裁刀热量能够及时散发，避免剪口处裁片熔融。

五、裁剪设备

目前在服装生产中，应用的裁剪设备多种多样，各有不同的特点和适用范围。下面介绍几种常用的裁剪设备。

1. 直刀电动裁剪刀

直刀电动裁剪刀是服装厂中普遍使用的裁剪设备。它的裁刀是直尺形的，由电动机带动作上下垂直运动，切割面料。该电剪无论是直线还是曲线都可以进行裁剪，因此适用范围较广。这种裁剪刀的裁剪能力是以它最大裁剪厚度表示的，一般情况下最大裁剪厚度是裁刀的长度减4cm。

2. 圆刀电动裁剪刀

这种电动裁剪刀的裁刀是圆盘形的，直径为6～25cm。圆盘裁刀由电动机带动作高速旋转运动。类似木材加工中的电锯。电剪轻便灵活，尤其是裁剪直线形状，比直刀电剪速度快、效果好，适用于小批量生产。

3. 带刀式裁剪机

这种裁剪机是将1cm宽的带状裁刀安装在裁床上由电动机带动，作连续的循环运动，又称台式裁剪机。特别适于裁剪小片的、凹凸变形复杂的衣片。

衣片裁出后，还须经检验、打号与分扎，以保证准确有序地把质量合格的裁片交付给缝制工程进行缝制加工。打号的同时还要进行衣片检验，即对裁剪后的衣片逐一检查，将规格、形状不合格和有疵点的衣片找出来，以免残次衣片投入到缝制工序造成残次品出现。

六、黏合衬的黏合加工

服装衬料，即衬布，起着衬垫和支撑服装的作用，保证服装造型美，多用于服装的前身、肩、胸、领、袖口、袋口、腰、门襟等部位，还可以掩盖体型某一部位的缺陷（如胸低、肩斜等），对人体起到修饰作用。并且适应体型、身材，可增加服装的合体性，使之穿着挺括、舒适，提高其服用性能和使用寿命，并能改善加工性能。

常用的服装衬料品种繁多。使用动物毛衬类（马尾衬和黑炭衬）、棉和麻衬类的服装缝制时一般采用传统工艺技术进行加工。化学衬又称黏合衬，其特点是基布的表面有一层黏合剂，只要有一定的温度和压力就很快与面料黏结在一起，平整挺括、不缩水、不脱胶、黏着牢固、弹性好。

很多成衣在缝制之前，先集中将黏合衬在专用黏合设备上粘贴好，这道工序通常放在裁剪工程的最后一道工序来完成（也有的成衣企业将这道工序放在缝制工程的第一道工序）。即在分扎出的裁片中，把需要进行黏合衬粘贴的裁片捡出来，先进行黏合衬粘贴加工。

粘贴在黏合衬底布上的黏合剂是热溶胶，当加热到其熔点温度时，这些热溶胶粒会熔融为黏流体，慢慢浸润到面料表面，受压力作用一段时间后，黏合衬的底布就会与面料黏着在一起。可见黏合衬黏合加工的主要工艺技术参数是黏合温度、压力和时间。

1. 压烫温度

不同的热溶胶，其熔点温度是不同的，黏合温度需略大于热溶胶的熔点。黏合温度越高，黏合的剥离强度也越大，意味着衬料与面料结合得越牢固。

2. 黏合压力

黏合压力与黏合剥离强度的关系是随着黏合压力的提高，面料与衬料的剥离强度也随之提高，但若压力过大，会造成渗胶现象。对于不同的面料、衬料及热溶胶，黏合压力的大小不一，应选择适当。

3. 黏合时间

在黏合过程中，热溶胶的变化分为升温、黏流和固着三个阶段。黏合时间指的是从热溶胶开始受热到其热量及压力去除这一段时间。剥离强度随黏合时间的增加而提高，但若黏合时间过长，势必影响生产进度，同时，可能会出现面料脆化现象。

成衣生产中，对于新的面料及衬料，通常在批量黏合前需进行黏合试验，选择出能使黏合效果达到最佳的三个工艺参数：黏合温度、黏合压力及黏合时间（用黏合机输送速度表示），以达到预期的剥离强度。

第三节　成衣缝制

成衣缝制工程是成衣工业化生产的重要环节，成衣缝制生产的合理组织是提高成衣生产效率的重要组成保证。成衣缝制生产组织就是要对缝制工序进行合理安排，确定最佳的工序组合、产品流程和机器设备配置方案，使缝制工艺路线最短，缝制加工时间最省，从而形成协调平衡的生产作业系统。

工艺制定是缝纫生产的前提，其依据是技术部门下达的生产任务书和工艺技术指导书。工艺制定包括缝制顺序和方法确定，线迹、缝迹和缝型及缝迹密度的确定，缝线张力和中间熨烫温度确定等，确定合理的加工工艺是生产高质量产品提高生产效益的重要保证。

一、缝纫设备

目前世界上有4000多种缝纫机，我国也有近200种。工业缝纫机按其用途、运转速度、机件数量、挑线机构形式等可分成许多类型，但通常划分为3种基本类型，即通用缝纫机、专用缝纫机和装饰用缝纫机。

（一）通用缝纫机

通用缝纫机中以各种工业平缝机为主要机种，其次是包缝机、绷缝机等机种。

1. 工业平缝机

工业平缝机是服装生产中使用面广、量大的设备，主要用于平缝。我国制造的工业平缝机以GB型和GC型应用最广，可用于缝制薄型衣料和中厚型衣料，是服装厂和针织内衣厂的主要缝纫设备。近年来，工业平缝机正在向高速化、计算机化方向发展，车速已从3000r/min提高到5000～6000r/min；缝纫功能除一般用途外，还具有自动倒缝、自动剪线、自动拨线、自动松压脚和自动控制上下针位、停针以及多种保护功能。

2. 包缝机

包缝机常用于缝制薄型和中厚型的针织物和化纤织物服装的包边，是服装厂和针织内衣厂的主要设备。

3. 绷缝机

绷缝机主要用于针织内衣的棉毛布、汗布拼接、滚边、滚领、折边、绷缝等。

（二）专用缝纫机

专用缝纫机是服装加工过程中用于完成某些专门缝纫要求的工业缝纫机，如锁眼机、钉扣机、打结机、开袋机、缲袖机等。

1. 锁眼机

锁眼机分平头锁眼机和圆头锁眼机。平头锁眼机适用于内衣、童装等服装厂，缝锁一般薄料和中厚型的针棉织物、化纤等织物的纽孔，特别是用于缝锁衬衫、男女上衣、童装等纽孔。圆头锁眼机主要用于中厚和厚型衣料缝锁纽孔。

2. 钉扣机

钉扣机是一种专用于钉成衣纽扣的缝纫机。主要用于各类服装厂缝钉两孔或四孔的圆形纽扣。

3. 打结机

打结机通常适用于服装上易于破裂部分，如裤子的袋口封口、上衣和雨衣纽孔底部的打结缝等。

4. 自动开袋机

自动开袋机是缝纫机中自动化程度较高的一个机种。它可以用于上衣、裤子、大衣等服装嵌线袋的自动开袋，也可用于生产有袋盖或无袋盖的平袋或斜袋。

5. 缲袖机

缲袖机用于给男女上装、运动衣和大衣等服装缲袖子。自动缲袖机可根据缲袖顺序，自动控制"吃势"大小，保证缲袖质量。

（三）装饰用缝纫机

装饰用缝纫机主要用于女装、童装、运动衣、泳衣和服装饰边以及商标和装饰用缝纫制品。常见的有花针机、绣花机等。

二、成衣缝制生产组织

成衣缝制工程是成衣工业化生产的重要环节，成衣缝制生产的合理组织是提高成衣生产效率的重要组成保证。成衣缝制生产组织就是要对缝制工序进行合理 安排，确定最佳的工序组合、产品流程和机器设备配置方案，使缝制工艺路线最短，缝制加工时间最省，从而形成协调平衡的生产作业系统。

（一）成衣生产类型

成衣生产类型通常可分为如下三种：

1. 少品种大批量

特点是产品品种少，每种产品的产量大，工作场地专业化程度高。生产过程采用高效率的专用设备、半自动化或自动化设备、专用工艺装备，工人操作熟练程度高。采用流水生产线的组织形式，计划编制也较细致、精确，计划的执行情况也易于检查、控制。

2. 中品种中批量

生产的品种多，每种产品有一定的产量，工作场地的专业化程度随产量的大小而变化。此时，工作场地固定为若干道工序，每批产品更换时，只需部分设备和工艺装备作适当调整。

3. 多品种少批量

产品品种较多，每种产品的产量又很少，工作场地专业化程度较低，生产不稳定，款式基本不重复。每种产品只生产一次就不再生产或短期内不再生产。因此，生产多采用通用的设备和工艺装备。

（二）成衣缝制流水生产类型

成衣缝制车间的流水线类型按工序组合方式分为如下两种形式：

1. 分工序作业流水线

分工序作业流水线是指流水线上每人一台机器，承担一道或若干道工序 的加工任务，机器一般按主要工序流程安排的流水作业形式。适用于工厂规模不 大、工人人数有限而生产品种又比较复杂的服装生产。目前，大多数服装企业采用这种流水作业形式。

2. 模块式作业流水线

模块式作业流水线是指按产品加工工艺顺序，一人配置多台设备，承担多道工序加工任务的流水作业形式。流水线上半制品的传递采用吊挂系统或传送带传送。适用于高附加值、多品种、小批量的快速生产。

（三）成衣半制品的传递方式

成衣缝制生产中，从衣片投入到生产出成衣所需的时间称为生产时间。但其中缝制加工所用的时间只是一少部分，大部分时间用在半制品的传递、等待、闲置等状态中。为了缩短成衣的生产周期，采用适当的半制品传递方式，努力减少半制品在工序间的传递时间是很重要的。

1. 捆扎式传递方式

捆扎式传递方式是把成衣半制品以10件或12件扎成一捆，集中放置于容器（筐、塑筐、集料台等）中，按成衣产品各部位的加工顺序，第一个工序缝制加工后，传递给第二个工序进行缝制加工，依此类推。工序间半制品的移送靠操作人员的手来传递，或者利用移动台、小推车、推放台、滑槽等工具运送。

2. 传送带捆扎式传递方式

传送带捆扎式传递方式是指工序间半制品的移动用传送带把一捆捆成衣半制品由一个加工工序输送到下一个工序。

3. 吊挂式传递方式

吊挂式是指工序间半制品的移动是由吊挂传输系统来完成。

（四）成衣缝制车间的设备布置方式

缝制车间机器设备的配置安排是否科学合理，与生产过程是否畅通密切相关。缝制车间机器设备布置的基本方式分横列式、纵列式和综合式、集团式四种。

1. 横列式布置

加工设备沿横向排列成一长排，通常是两排机器相对排列，中间相隔80 cm左右，放半制品槽，用来堆放半制品，如图4-3所示。这种排列方式，占地面积小，缝制作业符合"左拿前放"的作业要求。目前国内很多服装厂采用此种布置方法，适用于加工产品相对稳定，技术难度不太高的产品。

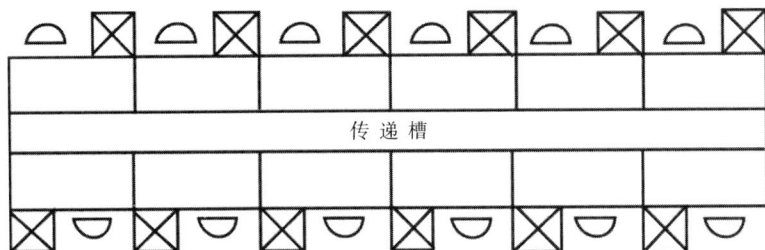

图4-3　横列式布置示意图

2. 纵列式布置（课桌式布置）

机器设备纵向排成几列，类似学校课桌，如图4-4所示。这种排列方式便于管理，生产效率较高，被大多数服装厂采用。

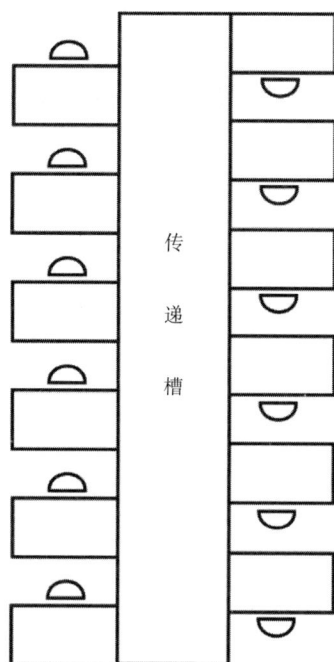

图4-4 纵列式布置示意图

3. 综合式布置

为了适应多品种、小批量生产的需要，有时采用以烫台为中心，按照缝制加工工序流程配置必要的机器设备，如图4-5所示。此种布置基本上按作业流程将若干台机器设备进行组合排列。

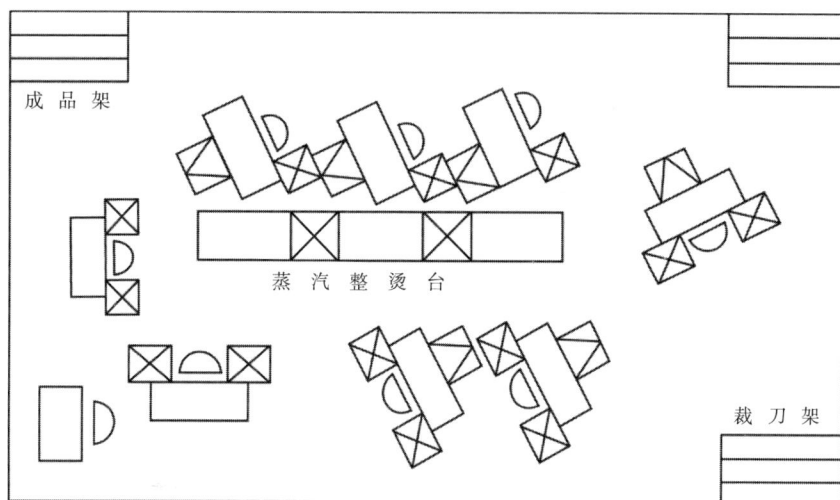

图4-5 综合式布置示意图

75

4．集团式布置

按照组成产品的各个部件，如领、袖、前身、后身等分成若干专业加工组，配置相应的缝纫设备，如图4-6所示。

A. 前身工序	B. 挂面内衬工序	C. 领子工序	D. 小片工序
G. 组合工序	F. 后身工序	E. 袖子工序	

图4-6　集团式布置示意图

（五）成衣缝制流水线组织

流水生产中，若每人使用的作业时间相同，就不会出现停放和等待现象，产品生产过程流畅。流水线上每人使用的作业时间，即流水线上生产出一件产品的时间间隔或半制品从一个工作地移至下一个工作地的间隔时间称为节拍。在总加工时间和节拍已知的情况下，工作地数，作业人员数也是确定的。即作业人员数在一定范围时，生产效率最高。因此，在进行流水生产安排时，需考虑服装产品与作业人员的合理配备。确定作业人数时，需考虑订货数量、加工时间、产品的工序数、作业人员的技术水平等因素。表4-3给出部分品种与人数配备的实例，可供流水生产安排计算时参考。

表4-3　品种与人数的关系

品种	标准总加工时间/s	浮余率/%	合适的作业人员数/人			直接工作人员人日产量/件
			裁剪	缝制	整熨	
男西装上衣	7900 ~ 9500	25	11 ~ 15	105 ~ 115	14 ~ 18	2.8 ~ 3.4
男装内衣	2000 ~ 2400	25	6 ~ 7	48 ~ 52	5 ~ 6	11.3 ~ 13.5
裙子	750 ~ 1500	25	2 ~ 3	15 ~ 17	1 ~ 2	18 ~ 36
连衣裙	3400 ~ 3900	25	2	15 ~ 17	1 ~ 2	6.9 ~ 7.9
运动衣	700 ~ 900	25	4 ~ 5	30 ~ 33	3 ~ 4	30 ~ 38.6
运动裤	500 ~ 650	25	3 ~ 4	22 ~ 24	2 ~ 4	41.5 ~ 49.0
牛仔裤	1000 ~ 1150	25	2 ~ 3	29 ~ 32	2 ~ 3	23.5 ~ 27.0
衬衫	950 ~ 1100	25	8 ~ 10	75 ~ 85	15 ~ 20	24.5 ~ 28.4

（六）缝制质量控制与评定

缝制质量与成衣质量密切相关，要加强对缝制质量的控制和评定。缝制质量控制包括严格执行工艺技术规定和加强半成品的质量检验。

1. 严格执行工艺技术规定

（1）对裁片进行监督检查。

（2）检查裁片是否有油污、脏残，部位色泽是否保持一致，规格及对称部位尺寸误差是否在允许范围之内。

（3）检查缝制线路是否直顺，吃势是否均匀，对未达到质量标准的，应责令工序责任人返修。

（4）做好产品首件鉴定工作，保证产品质量符合于技术工艺和质量标准。

2. 加强半成品的质量检验

应在该工序作业完成后即检验或复核各个组成部分的质量，查找问题的根源，减少返修和返工，提高效率。半成品检验点的合理设置是很重要的。不同款式的服装流水生产线，检验点的设置也不相同。可根据工序分析表确定半成品检验点，如上装可在敷衬工序、前片加工工序结束之后设置检验点检验衬和前片加工质量及其对称性等。检验点设专职检验员进行检验，服装加工大部分是手工作业，作业人员偶然作业失误较多，因此检验工作的日益完善不仅靠检验员一方，还应该加强作业人员的质量意识，加强自我检验、主动检验。通过自检、互检（上下工序的检验）、专检（由专职检验员检验），进一步完善检验工作。

第四节　整理工程

整理工程是成衣生产的最后加工阶段，传统的服装整理工程包括整烫、检验、折叠包装等工序。近年来，随着服装工业的发展，人们对服装性能的要求逐渐提高，服装整理工程中出现了水洗、磨毛等整理方法，把服装整理工程向前推进了一大步。经过缝制的成衣，再经过整理使外观更加美观，手感更加舒适、服用性能大幅提高。因此，整理工程在整个成衣生产中的地位变得越来越重要了。

一、整烫定型作用

服装行业中流传着"三分缝、七分熨"的说法，说明了整烫定型加工在服装加工中的重要作用。整烫定型加工就是利用水、气、热和压力，人为地改变面料的密度、形态和结构，使服装获得期望的造型的手段。

1. 对服装面料的整理作用

服装面料在裁剪之前，需进行必要的整理工作，通过蒸气熨烫，对材料进行预缩整理，并去掉折皱，以保证裁剪和缝制的顺利进行。

2. 服装缝制过程中的重要辅助手段

服装缝制过程中，熨烫加工贯穿于始终，是缝制工作的重要辅助手段。如分缝烫、归拔烫和衣服部件的定型烫等，通过熨烫使服装外观平整，线条折痕顺直，对服装定型的总体效果有重要作用。

3. 服装成品的整理定型

缝制成服装成品后进行熨烫，起到最终稳定服装造型的作用，使服装获得或补充获得平整、挺括和丰满的立体形态，更加舒适美观。

服装整烫定型加工可分为暂时性定型和永久性定型。天然纤维面料、黏胶纤维面料的服装穿着一段时间后（或浸湿情况下）定型会消失，洗涤后需重新整烫，故称为暂时性定型。涤纶等合成纤维面料的服装整烫定型后，其定型效果会长久保留下来，洗涤后一般不需重新整烫，故称为永久性定型。但穿着一段时间后，也会因穿着时人体热量的影响及机械力的作用而使定型效果变差，仍需重新整烫，以恢复原有的定型效果。常用服装材料的热转变值和熨烫温度见表4-4。

表4-4　常用服装材料的热转变值和熨烫温度

材料	玻璃化温度/℃	软化点/℃	熔点/℃	分解点/℃	直接熨烫温度/℃	垫干布熨烫温度/℃	垫湿布熨烫温度/℃
棉	—	—	—	150	175~195	195~220	220~240
羊毛	—	—	—	135	160~180	185~200	200~250
桑蚕丝	—	—	—	235	165~185	190~200	200~230
麻	—	—	—	150	185~205	205~220	220~250
黏胶纤维	—	—	—	260~300	175~195	195~220	220~240
锦纶66	82	225	253	—	125~145	160~170	190~220
涤纶	90	235~240	256	—	150~170	185~195	195~220
腈纶	90	190~240	—	280~300	115~135	150~160	180~210
维纶	85	220~230	—	—	125~145	160~170	180~210
丙纶	35	145~150	163~175	—	85~105	140~150	180~210
氯纶	82	90~100	200	—	45~65	80~90	—

二、整烫设备

服装工业发展的重要标志之一，是整烫定型设备的不断进步。从古老的烙铁到现在的自动调温熨斗、吸风抽湿烫台、蒸气烫模熨烫机及非接触式的蒸气人体模蒸烫机等，这些先进设备的应用，使服装造形定型和整理水平大大提高。服装整烫定型设备种类很多，这里简要介绍服装工业常用的几种设备：

1. 电熨斗

电熨斗是手工熨烫的主要设备。工业生产中多使用的蒸气熨斗有成品蒸气熨斗和电热蒸气射斗两种，前者使用锅炉生产的成品蒸气，后者使用电热蒸气熨斗内的自热蒸气。

2. 蒸气烫模熨烫机

蒸气烫模熨烫机在作业时，熨烫件被附已经预热的下烫模上，当已经预热的上下烫模合模。喷放高温高压蒸气，继而进行热压，迫使熨烫件按烫模形状产生形变，然后抽湿启模使熨烫件冷却干燥，以使被加工的衣片获得稳定的变形。如西装熨烫机、衬衫熨烫机、针织服装熨烫机。还有用于服装加工过程中的熨烫省缝、烫贴边、敷衬、领头归拔等熨机。

三、服装整烫定型的工艺参数

服装整烫定型的效果取决于整烫定型的温度、湿度、压力、时间和冷却方式。只有正确控制这些工艺参数，才能起到整烫加工的作用。

1. 温度和湿度

温度是整烫中决定整烫定型效果的关键因素。各种面料的热学性能不同，其熨烫温度也不一样。对于棉、毛、丝、麻等天然纤维面料，可以通过给湿使整烫定型效果更佳。

纯棉织物和黏胶纤维织物的化学组成相似，耐热性能接近，化学性能较稳定。吸湿性较好，一般用直接熨烫法进行整烫，不必另外给湿。为避免出现极光，可以垫干布熨烫。

纯毛织物吸湿性好，富于弹性，但耐热性较差，加热到100～110℃就会变黄，因此纯毛织物不宜与熨斗直接接触，一般要加湿、隔布熨烫，为达到定型效果，可增加熨烫的持续时间。

涤纶纤维织物热稳定性最好，它在150℃温度下作用168 h，颜色和强度均变化不大，且吸湿性很差，故可直接熨烫不需要给湿。

在服装的熨烫加工中，维纶织物和柞丝织物需特别注意，维纶织物在湿热作用下会急剧收缩（可溶解于热水），熨烫温度只可选在120℃左右，且不可给湿。柞蚕丝织物遇水滴后会留下水迹，影响外观，熨烫时若需给湿时，须设法均匀给湿，并在反面进行熨烫。

2. 压力

整烫定型中，压力也是必不可少的条件。压力的作用有两方面：一是通过加压力，使纤维面料在湿热状态下按外力作用方向产生变形；二是通过加压力，使织物中纤维受力超过其屈服应力，变形容易发生。

3. 冷却温度、湿度、压力和时间

这些因素使织物按外力作用方向产生了需要的变形。这种变形要通过冷却固定下来，也就是使纤维分子在新的相对位置"冻结"。

4. 形成新的结合点以达到定型的目的

因此，冷却速度要快，否则纤维大分子的相互位置不能很快固定，纤维及其织物的变形会消失，使定型效果受到影响。

四、后整理

服装成衣的外观质量要求，除缝制优良、整精细之外，还要求产品整洁、无浆糊、无粉迹、无沾污、无亮光、无水迹、无线头等。国外客户常把粉迹、亮光、沾污、线头称为"四害"。可见通过后整理。消除服装成品的这些疵病是保证服装成衣最终质量的重要环节。

（一）污渍整理

服装上污渍的种类及其产生原因，见表4-5。

表4-5　服装污渍种类及其产生原因

污渍名称	产生原因
粉迹	裁剪和缝制过程中划样划粉迹留在成衣表面
浆糊迹	生产及粘贴标签等用浆糊时不慎沾污
胶水渍	粘贴标签等用胶水时不慎沾污
水迹	蒸气熨斗熨烫时漏出水滴
机油渍	加工设备中所用润滑油等沾污
铁锈渍	加工设备机件生锈所致
霉斑	原料或成品放置时间长，潮湿发热而发霉
铅笔渍	划样用铅笔痕迹
圆珠笔渍	使用圆珠笔不慎所致
汗渍	加工中操作人员出汗沾污

（二）污渍去除方法

服装上的污渍，有些很容易去除，如粉迹、浆糊迹等用布或湿布便可擦去，大部分污渍需采用相应的助剂方可去除。

1. 机油渍

机油渍可用汽油、二氯乙烯、苯等有机化学溶剂刷洗，油渍会随有机溶剂的挥发而消失。

2. 铁锈渍

蛋白质纤维织物上的铁锈渍用草酸和柠檬酸的混合水溶液稍加热后刷洗污渍，然后用清水漂洗。纤维素纤维织物用食盐和醋酸的混合液刷洗，然后用清水漂洗。

3. 霉斑

新霉斑用热的肥皂液刷洗即可。时间久的霉斑，蛋白质纤维和合成纤维织物可用氨水洗涤，然后涂少量高锰酸钾，最后用亚硫酸氯钠溶液洗涤。

4. 胶水渍

胶水渍可先用温水润湿，再滴几滴10%的氨水刷洗，然后用水洗清。

5. 铅笔渍

铅笔渍可先用橡皮擦，再用肥皂即可洗去。

6. 圆珠笔渍

织物上的圆珠笔渍可先用温水浸泡，再用香蕉水和四氯化碳的等量溶液揩洗，然后用清水漂洗。

7. 汗渍

蛋白质纤维织物上的汗渍可用柠檬酸或1%的盐酸液洗涤，再用清水漂洗。

（三）线头整理（毛梢整理）

线头又称毛梢，分"死线头"和"活线头"两种。死线头是指缝制开始和结束时未剪掉的留在服装上的缝纫线线头；活线头是指生产过程中粘在服装上的缝纫线线头和衣片边缘滑脱下来的布料经纬纱线头。这些留在或粘在服装上的线头，如果不处理干净，会影响整批服装的质量，严重时会造成大量返工而影响生产进度和经济效益。

五、包装与标志

（一）包装

包装是为了在储存、运输中保护产品，在销售中进一步提高产品商业价值的一种技术手段。产品在市场上能否赢得消费者的青睐，不仅取决于产品本身，还取决于产品的包装。包装在促销中的作用日趋增强。因此，选择和设计合适的包装形式及其内容是现代服装生产的重要环节。

包装的内容不仅包括便于运输、方便储存的各种包装用品，还包括有利于商品。销售的各种包装技术手段，包括包装用品的外形、商标、色彩、图案、文字（如产品介绍、使用保养标志）等。因此，组织服装产品设计生产的同时，必须组织包装用品的设计和生产。

成衣产品包装形式的确定，既要依据生产、销售和消费者的要求，又要考虑产品的种类、档次、运输条件等。如针织内衣不怕压，内包装可采用塑料袋包装，外包装可采用纸箱、木箱或打麻包；高档西服、大衣则可采用立体包装，以免在储存、运输过程中使服装折皱变形；羽绒服、棉衣等可采用真空包装，以便减少装运体积和重量。主要包装形式有：

1. 内包装

内包装（也称销售包装、小包装）是指单件（套）服装的包装或若干件服装组成的最小包装整体。其主要功能除保护产品、促进销售外，还有便于计数、便于再组装。

内包装可采用纸、塑料袋、纸盒、衣架等材料。包装材料要清洁、干燥。纸包折叠要端正，包装要牢固；塑料袋、纸盒包装大小应与产品相适应，产品装入塑料袋、纸盒时要平整，松紧适宜；使用印有文字图案的塑料袋，其颜料不得污染产品；附有衣架包装的，应端正平整；漂白、浅色类服装产品应在纸包内加入中性白衬纸，下垫白色硬纸板，以防产品弄污、变形。

小包装有时以件或套为单位装入塑料袋，有的以5件或12件为单位打成纸包或装盒。

在小包装内的成品品种、等级需一致，颜色、花型和尺码规格应符合消费者或订货者的要求，有独色独码、独色混码、混色独码、混色混码等多种形式。在包装的明显部位要注明厂名（国名）、品名、货号、规格、色别、数量、品质等及生产日期。对于外销产品或部分内销产品，有时还需注明纤维原料名称、纱线线密度及混纺比例、产品使用说明等。

2. 外包装

外包装（也叫运输包装、大包装），是在商品的销售包装或内包装外再增加一层包装。由于其作用主要是保障商品在流通过程中的安全，便于装卸、运输、储存和保管，因而具有提高产品的叠码承载能力，加速交接、点验等功能。

外包装可采用纸箱等材料，包装材料要清洁、干燥、牢固。瓦楞纸箱的技术要求应符合国家标准有关规定。纸箱内应衬垫具有保护产品作用的防潮材料，箱内装货要平整，勿使包装变形。

纸箱盖、底封口应严密、牢固，封箱纸应贴正、贴平。内外包装大小适宜，箱外可用捆扎带等捆扎结实，卡扣牢固。大包装的箱外通常要印刷产品的标志，内容包括货号、箱号、品名、号型、色别、等级、数量、生产单位、出厂日期和产品所执行标准的代号、编号、标准名称以及重量（毛重、净重）、体积（长、宽、高）等。唛头标志要与包装内实物内容相符，做到准确无误。

为防止在运输和仓储中发霉、风化、变质，在包装材料外部要涂防潮油。

3. 真空包装

真空包装是将服装去湿后装入塑料袋内，进行压缩并抽真空，然后将袋口黏合。由于服装含湿量很低，虽经压缩，但并不易起折痕。采用真空包装方法具有减少成衣装运体积和重量、防止装运过程中服装沾污或产生异味及占用最小的储存空间等优点。

4. 立体包装

服装制成后，经整烫定型，造型美观、立体感强，但经包装运输后大部分服装发生了折皱现象，破坏了外观效应。为克服服装经包装、运输后产生的折皱，保持其良好的外观，可采用立体包装方法。

立体包装是将衣服挂在衣架上，外罩塑料袋，再吊在包装箱内，也可将衣服直接挂在集装箱内，故立体包装又称挂装。衬衫、西装、大衣、羽绒服、棉衣等均可采用立体包装。

（二）服装的标志

1. 商标

服装作为一种商品，必须订有标志该服装的相应商标。服装商标实际上就是服装的牌子，它是服装生产企业、经销企业专用于本企业生产的服装上的标记。有文字商标、图形商标，以及文字和图形相结合的组合商标等多种形式。其特征主要表现在商品的专用性、个性、艺术性和代表性诸方面。商标使用者一旦确定了所使用的商标，则其他人便不能使用或注册相同内容的商标。因此，商标是不能随意转让和买卖的。

服装商标是服装企业的象征，它代表着生产企业的信誉、技术、质量和市场占有率等情况，因此，广大消费者记住的将是这种服装的商标，商标也就成为生产企业的无形资产。

商标可分为内衣类商标和外衣类商标。前者要求薄、小、软，宜采用轻柔的原料，穿着舒服。而后者则相对的大、厚、挺，可选用编织商标、纺织品或纸印的印刷商标。按商品使用的原料来分类，可分为用纺织品印制的商标、纸制商标、编织商标、革制商标和金属制商标等。

2. **标志**

成衣标志主要包括品质标志（又称组成或成分，表示服装面料所用的纤维原料种类和比例）、使用保养标志（是指导消费者采用正确的洗涤、熨烫、干燥、保管方法的标示、规格标志（表示服装的规格，一般用号型表示，不同成衣的规格标志内容也不同，如衬衫用领围表示，裤子用裤长和腰围表示，大衣用身长表示等）、原产地标志（标明服装产地，一般标在标志的底部）、合格证标志（服装检验合格后，加盖的合格章）、条形码标志（利用条码数字表示商品的产地、名称、价格、款式、颜色、生产日期及其他信息，并能用读码扫描设备将其内容读出来）和环保标志等。

第五章　服装生产质量管理

服装质量衡量标准是指造型美观和穿着舒适耐用的质量。服装质量控制不仅是为了满足用户要求，而且还可以借此降低成本，提高工作效益，使产品标准化及减少因废次品、退货等造成的损失。因而质量控制与检验标准的制定是服装生产中不可忽视的重要组成部分。

第一节　服装质量控制与统计分析方法

服装生产过程是由规格设计、生产制造和检验三个阶段组成。通过检验，评定出产品的优、劣或质量合格与否。同时，通过检验收集产品质量的信息数据，经统计分析，为质量管理活动提供信息和决策情报，达到控制成衣品质的目的。

一、检验方法

检验方法有全数检验和抽样检验两种。

（一）全数检验

全数检验就是将产品一件一件地检验，并将检验结果与标准作比较，然后决定合格与否，全数检验花费较大，但下述场合必须进行全数检验：

（1）即使不合格品数量很少，但其出厂会造成很大影响。

（2）若不进行全数检验就不能剔除不合格品或由于制造工序不稳定，在物品中混入若干不合格品且不能保证正品率。

（3）全数检验容易进行，而且费用便宜，如服装规格尺寸检验。

（4）若混入不合格品会造成致命或重大损害时，如带电工作服的绝缘性能检验，因与人命有关，必须进行全数检验。

（5）每件产品都必须是合格的，如定做服装，由于每件的尺寸与规格均有差异，因此必须进行全数检验。

（二）抽样检验

抽样检验就是从所需检验的批量产品中，抽取一部分试样进行检验，并将检验结果与评定标准对照，决定合格与否。下列场合，必须作抽样检验：

（1）破坏性检验。如材料的拉伸试验、疲劳试验、缝口强度试验等项目的检验，不破坏产品就不能测定。

(2)连续体。如卷材、胶片等连续体是不能全部开卷检验的。

(3)数量多批量多的产品。如内衣、袜子等。

抽样检验必须采取随机抽样方式。随机抽样可以是任意抽样，也可以采取间隔一定时间抽样。制定一批产品的合格与否，常兼用全数检验和抽样检验两种方式。例如衬衫的领子，检验项目有外观造型、尺寸、领角度、色差、缩率、粘牢度和耐磨度等。其中缩率、粘牢度和耐磨度为破坏性检验，故只能采取抽样检验的方法，而外观造型、尺寸、领角度、色差可以采取全数检验的方法，可根据实际情况决定采用抽样检验或全数检验。

二、质量统计与分析方法

全面质量管理的基本观点是用数据来反映产品质量好坏。根据收集的信息资料进行分析，找出导致废次品的根源，才能提出有效的措施。常用的管理工具有直方图、排列图、检验明细表、特性要因图、图表、管理图和相关图等。以上图表法简称质量管理七种工具，都是根据数据分析质量成因，从而进行生产控制的。下面结合服装生产特点，介绍其中常用的几种方法。

（一）直方图

直方图又称频率分布图，它直观地表达了某一检验指标（如衣长）测量数据的分布规律，通过绘制直方图，能使较难理解的数据转变成简明易懂的整体概貌图，而且可以知道大体的平均值及不匀程度。

1. 作图步骤

（1）规定收集数据的时间，计数数据个数。设数据的总数为N，N大于100为宜，上装的衣长尺寸数据见表5-1。

（2）从数据中求出最大值L与最小值S，然后观察整体数据的最大值、最小值。表5-1是以纵向分割数据组的，在各组中，最大值注以※记号，最小值注以△记号。※记号中的最大数据即为最大值L（$L=73.8$），A记号中的最小数据即为最小值S（$S=70.8$）。

表5-1　上装衣长尺寸数值表

组数	衣长/cm									
	A	B	C	D	E	F	G	H	I	J
1	71.6	71.4	72	71.5	71.7	72	72.1	71.7	72	73.2
2	71.3	△71.2	71.4	71.7	71.3	71.6	72.6	72.1	71.1	71.8
3	71.9	71.8	71.8	△71	71.8	※72.6	71.8	△71.2	71.6	※73.5
4	71.7	72	△71.1	△71.4	※71.1	△71.2	※73	72.6	△70.9	△70.8
5	71.9	71.6	71.6	71.7	71.5	71.8	△71.2	72.9	71.1	71.8
6	※72.6	71.3	71.5	72	71.6	72.1	71.6	71.4	73.3	73.4
7	71.8	72	72.1	72.3	72	72.3	72.3	71.4	71.5	71.3
8	72.2	71.8	71.6	71.6	72.4	71.7	71.6	72.3	72.3	72.3
9	71.2	72.3	72.3	72.1	72	71.3	71.4	73.1	71.3	71.5
10	△71.0	※72.6	※2.5	※72.6	※72.7	71.5	71.3	※73.3	※73.8	72.3

（3）求出Z与S的差，并除以10。如：

$$\frac{L-S}{10}=\frac{73.8-70.8}{10}=0.3$$

（4）用（3）求得的值作为测定数据的组距，即0.3可定为组距宽h。本例测定的数据精确度为0.1cm，直方图的组距h =0.3cm。

（5）决定包括最小组距在内的边界值。

①边界值取到测定单位的下一位数（测定单位的1/2）。

②确定包括最小值在内的组距边界值时，应使最小值大致落在该组距的中心位置，如图5-1所示。

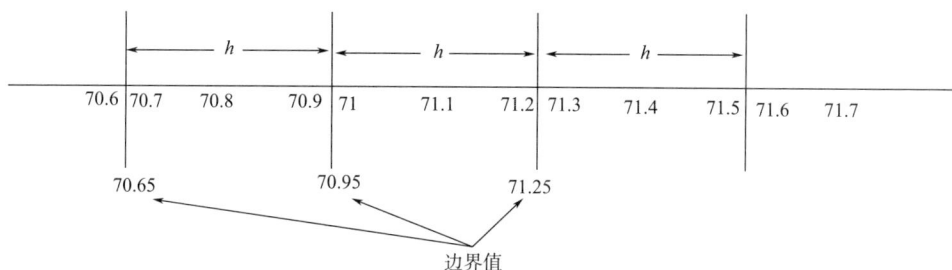

图5-1　边界值示意图

（6）决定全部的边界值与中心值，作出频数表。组距的中心值等于两个边界值相加除以2。

（7）将数据记录在频数表上，并求出各组距频数。记分使用丨、丨丨、丨丨丨、丨丨丨丨、卌等记号，合计各组距频数，复核数据总数，见表5 2。

表5-2　衣长的频数表

组距编号	组距的边界	中心值	记分	频数
1	70.65~70.95	70.8	丨丨	2
2	70.95~71.25	71.1	卌 卌	10
3	71.25~71.55	71.4	卌 卌 卌 丨丨丨	19
4	71.55~71.85	71.7	卌 卌 卌 卌 丨	26
5	71.85~72.15	72.0	卌 卌 卌	15
6	72.15~72.45	72.3	卌 卌 丨	11
7	72.45~72.75	72.6	卌 丨丨丨	8
8	72.75~73.05	72.9	丨丨	2
9	73.05~73.35	73.2	丨丨丨丨	4
10	73.35~73.65	73.5	丨丨	2
11	73.65~73.95	73.8	丨	1
合　计				100

（8）在图表纸上画出纵、横坐标，纵坐标为频数，横坐标为数据的测量单位。

（9）将频数以方框形记入，空白处填写收集数据的时间、数据的种类和数据的总数N等。上装衣长的直方图如图5-2所示。

2. 直方图的应用

（1）由直方图的形状了解工序是否正常。从正常工序取来的数据，作成直方图后，有良好的形状，而工序有异常状况时，直方图将形成不规则形状，因此由直方图的形状，可以大致推测出工序中是否有异常现象。

（2）调查该测定项目的指标是否在应控制的上、下限范围内。直方图中若标有该指标应控制的上、下限值，就可以知道废次品、不合格品的严重程度，以便采取措施予以纠正。各类直方图，如图5-3所示，其中：

①偏差小，平均值处于中央，属于优质产品。

②比控制范围偏差大，由于平均值在中央，故只要消除偏差即可。

③有向左的偏差，可采取缩小偏差，并使平均值移至中央的措施。

④偏差大，有向右的偏差，可采取消除偏差，并使平均值移至中央的措施。

⑤木梳型，是由于测定时习惯把数字尾数加于双数刻度等原因造成的。

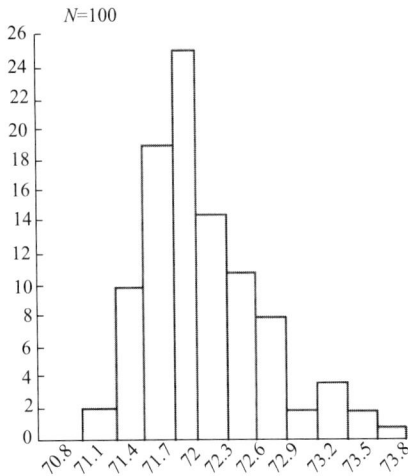

图5-2　上装衣长直方图

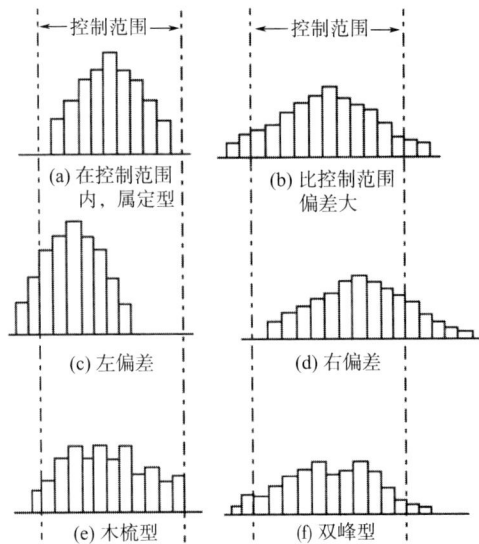

图5-3　各类直方图

（二）排列图（主次因素分析图）

排列图是将许多不良现象或原因中最重要的几项列出，然后将发生不良、缺陷、故障的件数（或损失金额）按项目加以分类，并依大小顺序排列作成图表。所以，排列图又称主次因素分析图。

1. 排列图的应用（图5-4）

（1）了解问题出在何处。尽管图中有许多分类项目，但影响较大的只有2~3项。进行质量改善时，应从影响较大的项目着手。

（2）用于制作报表或记录。观察的数据未经过整理时，很难明确问题所在，采用排列图就能形成简单明了的报表或记录。若将采取改进措施前后的排列图并列绘制，效果则更佳。

（3）调查废次品的产生原因。可将产生废次品的原因按项目分类，例如按结果分类、按原因分类等，列出后便于调查分析。

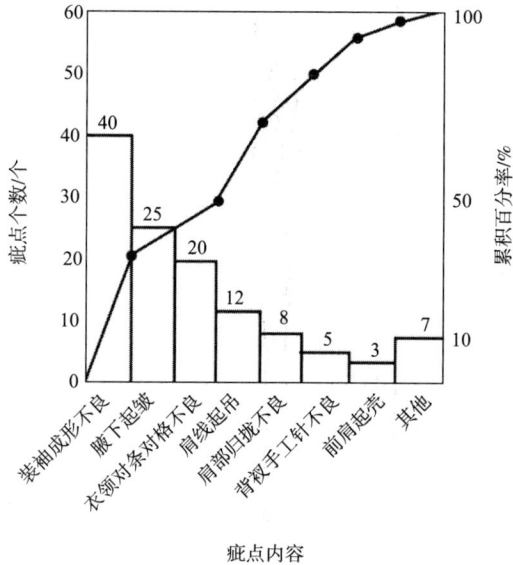

图5-4　排列图

2. **作图步骤**

（1）决定数据的分类项目。

（2）决定收集数据的时间。

（3）分门别类统计数据。

（4）合计各种类别的累计值及相对整个数据的百分率。

（5）在图表上画好纵、横坐标，纵坐标标出数据刻度，写明分类项目。

（6）绘制数据的条状图。

（7）用折线画出数据的累计百分比曲（折）线。

（8）填写调查数据的目的、时间、记录者等内容。

为了观察废次品对成本的影响，纵坐标尽可能用损失金额表示。在废次品与损失金额的转换中，横坐标的顺序位置往往会有所改变。

（三）检验明细表

检验明细表是将要求索赔品、次品等按不同部门、不同车间及不同原因分类进行检验的表格。

表5-3是进行全数检验用的上装最终检验明细表，这是记录服装厂日常生产数据的一种方法。如果明细表设计合理，负责人可以清晰快速地找出问题。

该表上半部分计数了疵点数和疵点种类，下半部分是尺寸和重量等的测量值。

表5-3 上装最终检验明细表

检验数		合格数		疵点数		全数检验		检验者姓名	
项目	疵点种类			疵点数	项目	疵点种类			疵点数
①前身	前衣身起空 前衣身凹凸不平 前肩部起空 门襟处挂面反吐				⑥领	串口成形不良 领子手缝针法不良 对条对格不良			
②肩	肩线起皱 肩线不顺直 肩里起吊				⑦手工针	侧片（里）手工针不良 绱袖窿（里）手工针不良 后开衩（里）手工针不良 底摆手工针不良 内里拱针不良 门襟止口拱针不良 领子（里）手工针不良			
③背	背缝起皱 下摆成形不良								
④侧缝	侧缝起皱 侧缝里起吊								
⑤袖	袖山过直 左右袖不对称 衣袖不平整 袖里起吊				⑧其他	扣眼毛露 油渍 标牌错钉			
项目/件	误差（+）/cm				误差（-）/cm				合计
	0.5	1.0	1.5	2.0	0.5	1.0	1.5	2.0	
衣长									
肩宽									
袖长									
腰围									
合计									

（四）特性要因图

特性要因图又称鱼刺图或因果分析图。其特点是归纳存在的问题，并在研究采取改进措施时，能将众人的各种意见整理到一张图表中来表述。图5-5是装袖出现废次品的特性要因图。

特性要因图作图步骤：

（1）确定品质特性。表示品质方面，如规格尺寸、次品、合格率等；表示成本方面，如成本、效率、工时数等；还可以表示交货日期、安全等方面的指标。

（2）由左向右画一根箭头作为主干，主干梢部填写经过分析的品质特性及名称。

（3）在枝干梢上标明要因并用框线画出。大刺骨的大要因由左至右顺次写明工序名称或工程内容（人、材料、设备、方法）。

（4）在各种要因中，较小的要因可用枝杈写出。必要时，也可向着枝杈标写枝叶，一

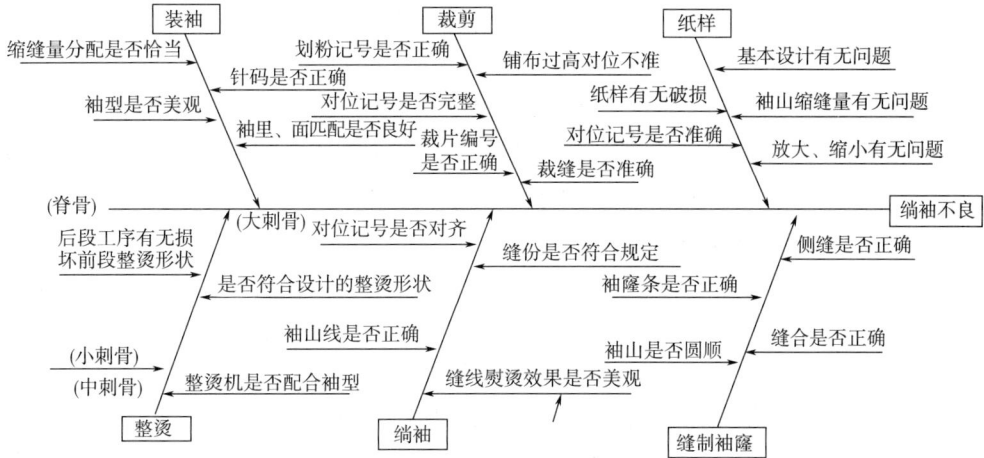

图5-5　装袖疵点特性要因图

直记到最后所需改进的要因。

（五）扇形图

扇形图是图表的一种形式，它用圆周中不同的弧度来表达某种分布状态，如图5-6所示。在全面质量管理中，常用扇形图来表示不同废次品的分布。其中弧度的计算式如下：

$$某疵点占弧度=\frac{某疵点数}{总疵点数}\times 360°$$

图5-6中，A疵点为60个，总疵点数为150个，则A疵点弧度为：

$$A疵点弧度=\frac{60}{150}\times 360°=144°$$

以此类推，各种疵点的圆弧分别为B为72°、C为60°、D为48°、E为36°。

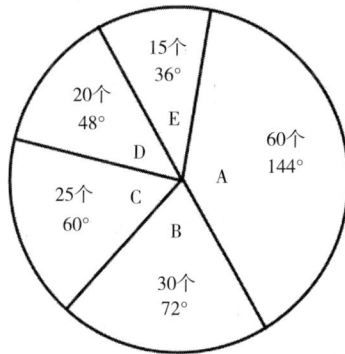

图5-6　疵点分布扇形图

（六）管理图

管理图是将由现场定期收集的各工程资料，以点显示于图表的质量管理图表，又称质量控制图。如果点落在管理界限之内，则工序处于稳定状态；如果点落在管理界限之外，则表示还有不可忽视的、影响质量的因素存在，应进行调查，同时采取改进措施，使工序重新保持稳定的状态。

管理图中，数据处理的方法可分为计量值和计数值两大类。计量值管理图如 $\overline{X}$–R 管理图（平均值与范围的管理图）、X 管理图（各个资料的单值管理图）等；计数值管理图如 P 管理图（不良率管理图）、P_n 管理图（批量不合格品数的控制图）等。下面介绍用途最广的 $\overline{X}$–R 管理图（平均值与范围的管理图）。

$\overline{X}$–R 管理图绘制步骤：

（1）决定收集数据的时间，收集资料数据见表5–4，期限3天，时间为从9时开始，每隔1h取5个数据，共取20组，把时间按数据顺序和测定顺序排列填入数据图表。

（2）计算平均值了分别求各组的数据之和 X，然后计算平均值 $\overline{X}$。

（3）计算各组的极差 R 将各组的最大值减去最小值求得。例如表5–4中第一组的极差 R 为：

$$R=72-71.4=0.6$$

（4）计算总平均值了将各组的平均值相加后除以组数，可得总平均值万，四舍五入到资料数据的下一位。例如表5–4中数值的总平均值为71.9。

（5）计算极差的平均值将各组的极差 R 相加后除以组数，计算出极差的平均值，四舍五入到原数据的下一位。表5–4中数值极差 $\overline{X}$ 的平均值为1.325。

（6）计算控制界限。

① $\overline{X}$ 管理图的控制界限用下式计算，四舍五入到原数据的下两位数。

$$控制上限 D_{ucl}=\overline{X}+A_2\overline{R}$$

$$控制下限 D_{lcl}=\overline{X}-A_2\overline{R}$$

② R 管理图的控制界限用下式计算，四舍五入到原数据的下一位数。

$$控制上限 D_{ucl}=D_4\overline{R}$$

$$控制下限 D_{lcl}=D_3\overline{R}$$

式中 A_2、D_4、D_3 为 $\overline{X}$、R 控制界限的系数，见表5–5。当 $n=5$ 时，$A_2=0.577$，$D_4=2.115$，D_3 栏内"—"，表示不考虑控制下限。

（7）绘制管理图。

①在方格纸上画出纵坐标和横坐标，纵坐标上取 $\overline{X}$ 和 R 的刻度值，横坐标标出编号（日期或批号），如图5–7所示。

②用点将 $\overline{X}$ 及 R 的数据标在图表上，$\overline{X}$ 用"●"表示，R 用"○"表示。

③绘制中心线（平均值）与控制界限。用实线表示 $\overline{X}$、$\overline{R}$ 的数值，为中心线。以虚线表示 D_{ucl} 及 D_{lcl}，则为控制界限。出现在界限外的点（次品点）用"○"表示（图5–7所示实例中无界限外次品点），以示区别。

④填写记录数据的名称、测定方法、测定者、测量单位、时间、图表制作者等必要事项，以及采取对策、处理内容等。

表5-4　$\bar{X}$-R管理图数据表

产品名称		西服			加工编号			时间：月/日		9/8-10
质量特性		衣长72cm的检验								
控制界限	最大				车间			机器编号		
	最小				日产量标准/件		300	作业员		
测量单位/cm					试样	大小		检验员		
规格编号						间隔				

时间/d-h	组编号	测定值					合计∑x	平均值$\bar{X}$-R	极差R	备注
		X_1	X_2	X_3	X_4	X_5				
8-9	1	71.6	71.4	72	71.5	71.7	358.2	71.64	0.6	
10	2	72	72.1	71.1	72	73.2	360.4	72.08	2.1	
11	3	71.3	71.2	71.4	71.7	71.3	356.9	71.38	0.5	
12	4	71.6	72.6	72.1	71.1	71.8	359.2	71.84	1.5	
14	5	71.9	71.8	71.8	71.0	71.8	358.3	71.66	0.9	
15	6	72.6	71.8	71.2	71.6	73.5	360.7	72.14	2.3	
16	7	71.7	72	71.9	71.4	71.1	358.1	71.62	0.9	
17	8	71.2	73	72.6	70.9	70.8	358.5	71.70	2.2	
9-9	9	71.9	71.6	71.6	71.7	71.5	358.3	71.66	0.4	
10	10	71.8	71.2	72.9	71.7	71.8	359.4	71.88	1.7	
11	11	72.6	71.3	71.5	72	71.6	359.0	71.80	1.3	
12	12	72.1	71.6	71.4	73.3	73.4	361.8	72.36	2.0	
14	13	71.8	72	72.1	72.3	72	360.2	72.04	0.5	
15	14	72.3	72.3	71.4	71.5	71.3	358.8	71.76	1.0	
16	15	72.2	71.8	71.6	72.4	71.6	359.6	71.92	0.8	
17	16	71.7	71.6	72.3	72.3	72.3	360.2	72.04	0.7	
10-9	17	71.2	72.3	72.1	72.3	72	359.9	71.98	1.1	
10	18	71.3	71.4	73.1	71.3	71.5	358.6	71.72	1.8	
11	19	71	72.6	72.5	72.6	72.7	361.4	72.28	1.7	
12	20	71.5	71.3	73.3	73.8	72.6	362.5	72.50	2.5	
								1438.00	26.5	

$\bar{X}$管理图　　　　　R管理图

$D_{uc1}=\bar{\bar{X}}+A_2\bar{R}=72.669$　　$D_{uc1}=D_4\bar{R}=2.81$　　$\bar{\bar{X}}=71.9$　　$\bar{R}=1.325$

$D_{lc1}=\bar{\bar{X}}-A_2\bar{R}=71.132$　　$D_{lc1}=D_3\bar{R}=0$　　$n=5$　　$A_2=0.58$

　　　　　　　　　　　　　　　　　　　　　　　$D_4=2.12$　　$D_3=0$

表5-5　$\bar{X}$-R管理图用数据表

样品组的样品数n	计算控制界限的系数		
2	1.880	3.267	—

续表

样品组的样品数n	计算控制界限的系数		
3	1.023	2.575	—
4	0.729	2.282	
5	0.577	2.115	—
6	0.483	2.004	—
7	0.419	1.924	0.076
8	0.373	1.864	0.136
9	0.337	1.816	0.184
10	0.308	1.777	0.223

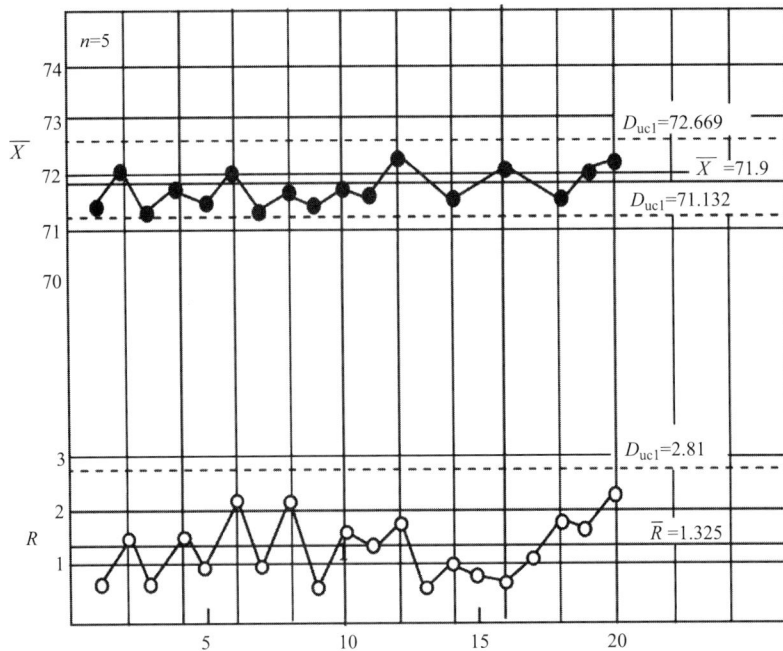

测定时间	h	9	10	11	12	14	15	16	17	9	10	11	12	14	15	16	17	9	10	11	12	14	15	16	17
	d	8								9								10							

图5-7 $\overline{X}$-R管理图实例

第二节　成本质量检验

　　成衣质量检验是指服装经缝制、熨烫成形后对成衣进行的检验。包括纱向检验、对条对格检验、色差检验、外观疵点检验、理化性能检验、缝制检验、规格检验、外观质量检验和等级确定等。由于服装种类繁多，不同服装具体检验内容不同，现以男西服、大衣检验内容为例予以分析说明。

一、成衣质量检验方法

　　（1）对照缝制指示书，确认各种缝制的外观与操作规定指标。

　　（2）为迅速、准确地检查制品质量，常规的检查顺序为自上而下检查，外观检查后翻向里侧检查，自左而右检查。

　　（3）检查的姿势宜以检查者站立检查为宜。将制品穿着在人体模型上，然后站立检查，这样视野开阔、整体感强。

　　（4）检查的重点放在制品的正面外观上，然后翻向里侧，检查制品的里布外观，最后检查缝迹等细部质量。

　　（5）服装规格的测量主要是控制部位的规格尺寸，但也必须包括口袋大小、领子宽窄等细部规格的尺寸。

　　（6）成品质量的检查结果必须记录在册，作为以后同类产品的参考资料。表5-6为成品检验统计表实例。

二、成衣质量检验内容

（一）纱向检验

　　纱向检验主要是检验成衣各部位丝缕的歪斜问题。一般中、低档布料服装，生产时为了节约原料，在一定范围内允许有所偏斜，但高档毛呢服装的丝缕是不允许偏斜的，特别是生产高档条格毛料服装，各部位的丝结更不允许偏斜，否则会直接影响外观。男西服、大衣的经纬纱向规定，见表5-7。

（二）对条、对格检验

　　条、格面料服装的对条对格要求在各类服装中都是十分严格的。如面料有明显条、格距离在0.5cm以上的，手巾袋与前身条料对条，格料对格，互差不大于0.1cm；倒顺毛、阴阳格原料，要求全身顺向一致。面料有明显条、格距离在1.0cm以上的，其规定见表5-8。

（三）色差检验

　　测定时被测部位须纱向一致，视线与被测物呈45°，距离60cm目测，袖缝、摆缝色差不低于4级，其他表面部位高于4级。

表5-6　成品检验周统计表

产品名称	上装		最终检验周统计表
检验数及合格率	个	%	
疵点数及疵点率	个	%	

分类		检验位置及质量	11月 8日	9日	10日	11日	12日	13日	合计
前片	袋	袋口开裂	1						1
		里袋袋口开裂		1	4	1			6
	纽孔	纽孔开裂	2	2	1			3	8
	挂面	驳头反翘	3						3
		针迹不良	1	3		1	3	1	9
		下摆里不直顺				1			1
		下摆暗缝不良					2	2	4
针迹		背里套结不良	2				2	1	5
		加固缝不良	1	2		4	1	1	9
		垫肩歪斜			1	2			3
		垫肩里暗缝不良			1				1
袖		袖窿里暗缝不良	1	1	2	1		1	6
		袖口钉扣不良		7	1			1	9
		袖里缲针不良			1				1
		袖口开衩不齐				1			1
		袖口缲针不良				1	1		2
		装袖不良				1		1	2
背衩		侧衩缲针不良	4	2	4	2	3	2	17
		长短不一	1						1
领	领面	串口不直	1	2					3
		领纽孔开裂	2						2
		领里缲针不良			4	8	8	8	28
		驳领纽孔开裂				1			1
拱针		拱针不良				1		1	2
缲针									
纽扣		标牌重钉	2		2				4
外观									
每天的疵点数/个			21	20	22	24	21	21	129
每天的检验数/个									

每天的疵点率/%

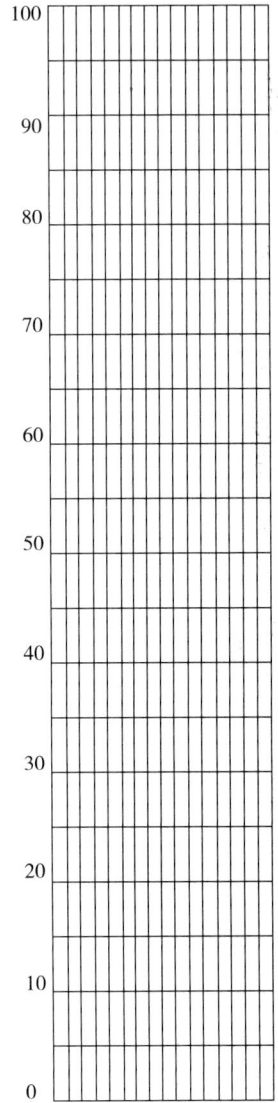

100 90 80 70 60 50 40 30 20 10 0

备注

表5-7　男西装、大衣的经纬纱向规定

序号	部位	经纬纱向规定
1	前身	经纱以领口宽线为准，不允许倾斜
2	后身	经纱以腰节下背中线为准，西服倾斜不大于0.5cm，大衣倾斜不大于1.0cm，条格不允许倾斜
3	袖子	经纱以前袖窿为准，大袖倾斜不大于1.0cm，小袖倾斜不大于1.5cm
4	领面	纬纱倾斜不大于0.5cm，条格面料不允许倾斜
5	袋盖	与大身纱向一致，斜料左右对称
6	挂面	以驳头止口处经纱为准，不允许倾斜

表5-8　对条、对格规定

序号	部位名称	对条、对格规定
1	左右前身	条料对条，格料对横，互差不大于0.3cm
2	手巾袋与前身	条料对条，格料对格，互差不大于0.2cm
3	大袋与前身	条料对条，格料对格，互差不大于0.3cm
4	袖与前身	袖肘线以上与前身格料对横，两袖互差不大于0.5cm
5	袖缝	袖肘线以下，前后袖缝格料对横，互差不大于0.3cm
6	背缝	以上部为准，条料对称，格料对横，互差不大于0.2cm
7	背缝与后领面	条料对条，互差不大于0.2cm
8	领子、驳头	条格料左右对称，互差不大于0.2cm
9	摆缝	袖窿以下10cm处，格料对横，互差不大于0.3cm
10	袖子	条格顺直，以袖山为准，两袖互差不大于0.5cm

（四）外观疵点检验

按表5-9规定，每个独立部位只允许疵点一处（优等品前领面及驳头不允许出现疵点）。成品部位划分如图5-8所示。

表5-9　外观疵点规定

部位名称	各部位允许程度/cm		
	1部位	2部位	3部位
粗于一倍粗纱	0.4 ~ 1.0	1.0 ~ 2.0	2.0 ~ 4.0
大肚纱/3根	不允许	不允许	1.0 ~ 4.0
毛粒/个	2	4	6
条痕（折痕）	不允许	1.0 ~ 2.0 不明显	2.0 ~ 4.0 不明显
斑疵（油、锈、色斑）	不允许	不大于0.3^2 不明显	不大于0.5^2 不明显

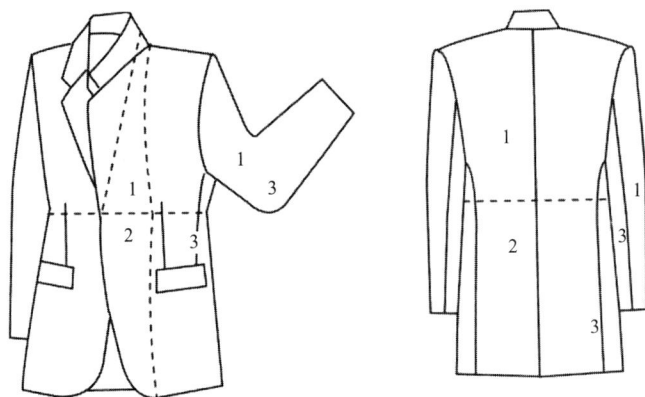

图5-8　成品部位划分

（五）理化性能检验

1. 干洗收缩率检验

采用旋转笼式干洗试验机和四氯乙烯干洗剂。按规定方法测出试样尺寸后，将试样放入机器笼内（机器笼内已放入规定浴比的干洗剂），开动机器，照规定程序自动洗涤约20min后，排出四氯乙烯溶剂，在循环的热空气中翻滚使试样烘干，取出后挂在衣架上进行测量。其干洗后收缩率用下式计算：

$$干洗后收缩率=\frac{原始长度-缩后长度}{缩后长度}\times100\%$$

干洗后收缩指标规定见表5-10。

表5-10　干洗后收缩规定

部位名称	干洗后收缩率/%
衣长	1.0
胸围	0.8

2. 干洗后起皱级差检验

成品干洗后起皱级差检验是与干洗后收缩检验同时进行的。将干洗后成衣挂在衣架上测量尺寸的同时，参照西服起皱五级样照进行测定。干洗后起皱级差指标规定见表5-11。

表5-11　干洗后起皱级差规定

项目	干洗后起皱级差级		
	优等品	一等品	合格品
外观	≥4	≥3	≥2

3. 敷黏合衬部位剥离强度检验

在服装的黏合部位取样，尺寸为15cm×2.5cm，在试样一端用手剥离黏合衬，剥离长度不大于3cm；然后将试样夹入强力试验机的上、下夹钳内，启动强力试验机。在剥离时记录拉伸10cm长度内的各个峰值（一般不少于10个）。样品在剥离时的记录如图5-9所示。取3个极大峰值、3个极小峰值，算出其算术平均值。敷黏合衬部位剥离强度不得小于8N/（2.5cm×10cm）。

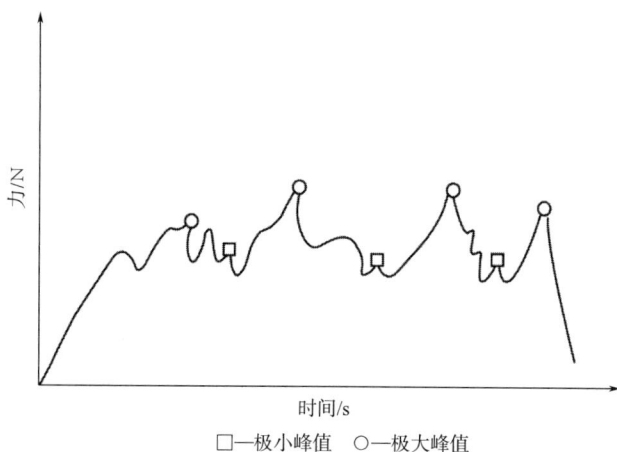

□—极小峰值　○—极大峰值

图5-9　黏合衬剥离强度记录图

（六）缝制检验

1. 针距密度检验

针距密度按表5-12规定执行。

表5-12　针距密度规定

项目		针距密度	针数	备注
明线		3cm	14~17	包括暗线
三线包缝		3cm	不少于9	—
手工针		3cm	不少于7	肩缝、袖窿、领不低于9针
手拱止口		3cm	不少于5	—
三角针		3cm	不少于5	以单面计算
锁眼	细线	1cm	12~14	机锁眼
	粗线	1cm	不少于9	手工锁眼
钉扣	细线	每孔8根线		缠脚线高度与止口厚度相适应
	粗线	每孔4根线		

2．缝制检验

（1）各部位线路顺直，没有跳线、脱线，整齐牢固、平服、美观。

（2）面、底线松紧适宜，起落针时应回针。

（3）不能有针板及送布牙所造成的痕迹。

（4）滚条、压条要平服，宽窄一致。

（5）袋布的垫料要折光边或包缝。

（6）袋口两端应打结，可采用套结机或平缝机回针。

（7）袖窿、领串口、袖缝、摆缝、底边、袖口、挂面里口等部位要叠针。

（8）锁眼不偏斜。扣与眼位相对，钉扣收线打结须牢固。

（9）商标位置端正，号型标志正确、清晰。

（七）规格检验

1．测量部位和方法

（1）领子。领子摊平横量，立领量上口，其他领量下口。

（2）衣长。由前身左侧肩缝最高点垂直量至底边。

（3）胸围。扣好纽扣，前后身摊平，沿袖窿底缝横量（以周围计算）。

（4）袖长。由左袖最高点量至袖口边中间。

（5）总肩宽。由肩袖缝交叉处横量。

（6）袖口。袖口摊平横量（以周围计算）。

（7）裤长（裙长）。从腰口上沿侧缝摊平垂直量至脚口。

（8）腰围。扣上裤扣，以门襟为中心握持两侧，用尺测量裤腰的中线尺寸（以周围计算）。

（9）臀围。从侧缝袋下口处前后身分别横量（以周围计算）。

2．成品主要部位规格的允许偏差

成品主要部位规格的允许偏差见表5-13。

表5-13　成品主要部位规格的允许偏差规定

部 位 名 称		允许偏差/cm	备注
衣长	西服	±1.0	上衣架测量
	大衣	±1.5	
胸围		±1.5	5.3系列
		±2.0	5.4系列
袖长		±0.7	上衣架测量
总肩宽		±0.6	上衣架测量
领大		±0.6	大衣关门领

（八）外观质量检验

男西装、大衣外观质量规定见表5-14。

表5-14　男西装、大衣外观质量规定

部位名称	外观质量规定
领子	领面平服，领窝圆顺，左右领尖不翘
驳头	串口、驳口顺直，左右驳头宽窄、领嘴大小对称
止口	顺直平挺，门襟不短于里襟，不撬不豁，两圆头大小一致
前身	胸部挺括、对称，面、里、衬服贴，省道顺直
袋、袋盖	左右袋高低、前后对称，袋盖与袋宽相适应，袋盖与衣身的花纹要一致平服
后肩	肩部平服，表面没有褶，肩缝顺直，左右对称
袖	绱袖圆顺，吃势均匀，两袖前后、长短一致

（九）检针

缝针、大头针、订书针等混入成衣会对使用者造成伤害。目前，国际市场对服装安全性要求越来越高，因此，成衣品质检查中必须增设检针一项。

检针用检针机进行检验。采用台式检针机检验时，商品必须正反两次经过检针盘，并要使成衣平整地接触检针盘。采用输送带式检针机检验时，要使成衣在检针机输送带有探知能力的范围内并排输送，发现异常时（检针机发出声音或自停）要彻底查出异常物。

三、成品等级划分

成品等级划分以缺陷是否存在及其轻重程度为依据。

（一）缺陷定义

单件产品不符合有关标准规定的技术要求的即为缺陷。按照产品不符合标准和对产品使用性能、影响外观的程度，缺陷可分三类：

（1）严重缺陷。严重降低产品的使用性能，严重影响产品外观的缺陷称为严重缺陷。

（2）重缺陷。不严重降低产品的使用性能，不严重影响产品外观，但较严重不符合标准规定的缺陷称为重缺陷。

（3）轻缺陷。不符合标准的规定，但对产品的使用性能和外观影响较小的缺陷称为轻缺陷。男西服、大衣质量缺陷判定依据，见表5-15。

表5-15 男西服、大衣质量缺陷判定依据

项目	序号	轻缺陷	重缺陷	严重缺陷
缝制及外观质量	1	领子、驳头面、衬、里松紧不适宜，表面不平挺	领子、驳头面、衬、里松紧明显不适宜、不平挺	各使用黏合衬部位脱胶、渗胶
	2	领口、驳口、串口不顺直，领子、驳头止口反吐	—	—
	3	领尖、领嘴、驳头左右不一致，尖圆对比互差大于0.3cm，领豁口左右明显不一致	—	—
	4	绱领两端不牢固	绱领两端严重不牢固	—
	5	领窝不平服、起皱，编领（领肩缝对比）偏斜大于0.5cm	领窝严重不平服、起皱，绱领肩缝对比）偏斜大于0.7cm	—
	6	领翘不适宜，领外口松紧不适宜，底领外露不大于0.2cm	底领外露大于0.2cm	—
	7	肩缝不顺直、不平服	肩缝严重不顺直、不平服	—
	8	两肩宽窄不一致，互差大于0.5cm	两肩宽窄不一致，互差大于0.8cm	—
	9	胸部不挺括，不一致，腰部不平服	胸部严重不挺括，腰部严重不平服	—
	10	袋位高低互差大于0.3cm，前后互差大于0.7cm，左右不对称	袋位高低互差大于1cm，前后互差大于1.2cm，左右明显不对称	—
	11	袋盖长短、宽窄互差大于0.3cm，袋盖小于袋口（贴袋）0.5cm（一侧）或小于嵌线，口袋不平服、不顺直，嵌线不顺直、宽窄不一致，袋角不整齐	袋布垫料毛边无包缝	—
	12	门襟、里襟不顺直、不平服，止口明显反吐	—	—
	13	门襟长于里襟：西服0.5cm以上，大衣0.8cm以上；里襟长于门襟：门、里襟明显搅豁		
	14	眼位距离偏差大于0.4cm，眼与扣位互差0.4cm，扣眼歪斜、眼大小互差大于0.2cm	—	—
	15	钉纽不牢固	纽扣掉落	
	16	底边宽窄明显不一致，不圆顺，里子底边宽窄明显不一致	里子短，面明显不平服；里子长，明显外露	

续表

项目	序号	轻缺陷	重缺陷	严重缺陷
缝制及外观质量	17	缝袖不圆顺，吃势不适宜，两袖前后不一致，袖子起吊、不顺	两袖严重不一致，袖窿严重不圆顺，袖子严重起吊、不顺	—
	18	袖长左右对比互差大于0.7cm，两袖口对比互差大于0.5cm	袖长左右对比互差大于1.0cm，两袖口对比互差大于0.8cm	—
	19	后背不平、起吊，开衩不平服、不顺直，开衩止口明显搅豁，长短互差大于0.3cm	后背严重不平服、起吊	—
	20	衣片缝合明显松紧不平、不顺直或连续跳针（30cm内出现两个单跳针按连续跳针计算）	表面部位有毛、脱、漏（影响使用和牢固）	—
	21	有叠线部位漏叠两处（包括两处）以下，衣里有毛、脱、漏	有叠线部位漏叠超过两处	—
	22	明线宽窄、弯曲互差大于0.2cm	—	—
	23	滚条不平服、宽窄不一致，活里没包缝	—	—
	24	商标位置不端正，明显歪斜，号型标志不清晰	号型标志表示方法不符合国家标准规定，无号型	无商标、厂记
	25	熨烫不平服，有明显水花、亮光，表面有大于1.5cm的死线头3根以上，轻度污渍	有较严重污渍	烫黄、破损等，严重影响使用和美观
	26	对条、对格超规定和表5-8中序号2、6、8极限偏差的50%以上，超表4-8序号1、3、4、5、7、9、10极限偏差的100%	对条、对格超表5-8中序号2、6、8极限偏差的100%以上	—
	27	针距密度不符合标准规定，针板及送布牙对织物造成的磨损痕迹明显	针板及送布牙对织物造成破坏性痕迹	—
色差	28	表面部位色差超过色差标准规定0.5级，缝线、纽扣与面料色泽差异明显	表面部位色差超过色差标准规定1级	—
疵点	29	成品2、3部位超标准规定	成品1部位超标准规定	—
理化性能	30	不符合表4-10规定	不符合表7-11和敷黏合衬部位剥离强度、8N/（2.5cm×10cm）的规定	—
规格	31	超表4-13规定指标的50%以内	超表4-13规定指标的100%以内	超表4-13规定指标100%及以上

注　①上述各类缺陷按序号各记一处。
　　②凡属丢工、少序、错序均为重缺陷。

（二）抽样规则

抽样数量按产品批量多少抽取。

（1）200件（含200件）以下，抽验10件。

（2）200件以上至500件（含500件），抽验20件。

（3）500件以上，抽验30件。

（三）判定规则

1. 单件（样本）判定

（1）优等品。严重缺陷数≤0，重缺陷数≤0，轻缺陷数≤4。

（2）一等品。严重缺陷数≤0，重缺陷数≤1，轻缺陷数≤6。

（3）合格品。严重缺陷数≤0，重缺陷数≤2，轻缺陷数≤7。

2. 批量判定

（1）优等品批。样本中的优等品数≥90%，一等品数≤10%。

（2）一等品批。样本中的一等品数≥90%，合格品数≤10%。

（3）合格品批。样本中的合格品数≥90%，不合格品（不含严重缺陷）数≤10%。

第三节 服装质量缺陷及其产生原因

服装质量缺陷是服装因加工方法不当而引起的外观和内在的不良现象。下面主要介绍在缝制过程中由于工艺操作不当而产生的质量缺陷。

一、上装的质量缺陷及其产生原因

常见上装的质量缺陷及其产生原因，见表5-16。

表5-16 常见上装的质量缺陷及其产生原因

名称	说明	产生原因
底领外露	后领外口紧，引起后领口抬高	缝制时，衣领面、里弯度归拔不当
领离脖	领与脖之间的空隙太大，衣领在两侧肩部向外豁开	绱领时肩缝处领圈不圆顺，后领围拉宽。归拔衣领时，未按照衣领的弯度、角度、翘势进行归烫
串口不直	驳领串口处缝迹不顺直	缉串口时，缝线不顺直，上下两片有松紧
串口不平	驳领、串口处不平服	缉串口时，领面与挂面松紧不一，分烫串口时，熨烫不当
驳头起皱	领口、挂面不平服	归拔挂面时，未按照驳头外口弧度进行归烫
后领窝起涌	大身后领围处出兜	绱领时，后横开领拉宽，领圈装得不圆顺。垫肩太厚
驳头外口松	驳头未到纽位	配领不当，驳头牵带不够紧，衣片领脚线里口处下移
驳头外口紧	驳头超过纽位	配领不当，驳头牵带过紧，衣片领脚线里口处上移

续表

名称	说明	产生原因
驳口不直	驳口线不顺直	绱领时，领子与驳口线刀口未对准；绱合串口时，绱线松紧不匀，缝头宽窄不匀，或驳口线归烫不当
领、驳角反翘	领、驳箱向上翘起	制作过程中，领面及挂面太紧
绱领偏斜	领位不正	绱领时，领与身对位不准，衣领左右两侧松紧不一
塌胸	前胸塌落	做衬时，胸部高度不够，驳口牵条太紧
腰吸不平服	摆缝腰节处与人体不符	腰吸省收得过大，或胸省拔烫不够，腰吸归势不足
省尖起泡	省尖不平服	绱省缝时，绱线不够顺直，省尖绱线转弯突然停止，不够尖，熨烫不当
止口豁	止口下部豁开	敷大身衬时，衣片捋得太斜.驳口牵条太松，腰节处熨烫不当
止口搅	止口下部叠搭过多	止口牵条太紧，腰节处熨烫不当
背衩豁	背衩下部豁开	背衩牵条太松，腰节处熨烫不当
背衩搅	背衩下部叠搭过多	背衩牵条太紧，腰节处熨烫不当
后背不方登	后背袖窿部位下沉不平	归拔后袖窿与肩胛骨部位时，熨烫不当；后袖窿处牵条太松，缝垫肩时窝势不足，垫肩太薄
底边圆角外翘	前门襟底边圆角外翻	敷挂面时下角丝绺没拉紧
后身吊	后背中缝起吊	后中缝绱线过紧，后背中腰节归拔不足
止口反吐	止口部位挂面外露	衣身与挂面缝合，熨烫不当
止口不顺直	止口呈波形不顺直	缝合时绱线弯曲，熨烫不当
袋盖反翘	袋盖角外翘	袋盖里子大于面料
袋口裂	袋口嵌线豁开	袋口嵌线缝制不当
大袋盖起皱	袋盖起皱不平	袋盖大于袋口宽度，绱装嵌线时缝制不当
袋盖止口反吐	袋盖里子外露	绱袋盖里线时，缝制不当
袖子偏前（后）	袖口前（后）倾	绱袖时，袖山与肩缝位置未对准，袖里缝合不当
袖子起吊	袖子起皱不平	袖子面、里不符
袖口不齐	袖口边缘不齐直	扣烫袖口不当
绱袖不圆顺	袖窿弯曲不顺	绱袖时，绱线弯曲，钉垫肩不当
袖子前后	两袖一前一后	绱袖时，两袖的袖子与衣片对位不一致；袖山部位缝头不一致；拔烫袖缝时，两袖片弯直不一致

105

二、下装的质量缺陷及其产生原因

常见下装的质量缺陷及其产生原因，见表5-17。

表5-17 常见下装的质量缺陷及其产生原因

名称	说明	产生原因
腰头探出	腰头前口不齐	绱腰时拉得太紧，形成腰头大于腰口
腰缝起皱	腰缝不平服	绱腰不平服，里、面松紧不一致
后腰下口起涌	后腰缝下起横绺	裤后片后翘太高，绱腰时后腰处缝头过小
门襟外吐	贴门襟呈嵌线外吐	缝制时里外襟均没做准
小裆起绺	小裆不平	绱里门襟时，缝制不当
小裆豁口	小裆缝裂开，里襟外露（拉链外露）	装拉链时，缝制不当，小裆封口处没有绱到位
门襟起绺	裤门襟处不平服	绱贴门襟时，拉得太紧
下裆十字缝错位	下裆十字缝未对准	缉小裆、合后缝位置不准
门里襟长短	门里襟高低不齐	装门襟、缉小裆、装拉链、绸腰等缝制不当
夹裆	后裆缝夹紧，有多余皱纹	后裆缝熨烫不当，缝份过大
裤脚前后	裤子垂直提起，脚口一前一后	后缝、下裆十字缝等缝合、熨烫不当
吊脚	下裆缝吊，脚口不齐	后裤片拔裆不够，裆缝绱线有松紧
侧缝袋口下起皱	袋口下起泡不平	袋口下缝制不当，侧缝熨烫不当
后袋毛出	袋角起毛	开剪后袋三角时，嵌线绱线剪断，嵌线绱线脱落或者回针没打牢
后袋口高低	后袋口倾斜	袋位没划正，绱腰时腰口缝头不一
后袋盖翻翘	后袋盖面紧	袋盖里松面紧

第四节 服装质量标准及其分类

质量标准又称技术标准或技术条件，是有关部门制定的产品质量定量和定性指标的统一规定。这种技术标准既是生产者与消费者订货和交货的依据，又是服装厂生产检验该产品的依据。

一、服装质量标准按内容分类

服装质量标准按内容分为基础标准、产品标准和方法标准。

1. 基础标准

基础标准是指具有一般共性和广泛指导意义的标准。如服装号型系列标准、服装名词术语标准、服装制图符号标准、服装缝纫型式分类和术语标准、服装规格标准等。

2. 产品标准

产品标准是指对某一产品所规定的质量标准。如男女西服、大衣、男女西裤、羽绒服装标准等。其内容包括该产品的形式、规格尺寸、质量指标、检验方法、储存运输包装等。

3. 方法标准

方法标准指通用性的测试方法、程序、规程等标准。如水洗羽毛、羽绒试验方法标准、毛呢服装检验方法标准和使用黏合衬服装剥离强度、硬挺度、耐水洗、耐干洗测试方法标准等。

二、服装质量标准按级别分类

服装质量标准按级别可分为国际标准、国家标准、专业标准、行业标准、企业标准及内控标准。

（一）国际标准

国际标准是由国际标准化团体通过的标准。国际标准化团体有国际标准化组织（ISO）、国际羊毛局（IWS）等。例如ISO 4916：1991《纺织品—缝式—分类和术语》就是国际标准化组织（ISO）通过的国际标准。国际标准在国际交往和国际贸易中起着重要作用。

（二）国家标准

国家标准是由国家标准化主管机构批准、发布，在全国范围内统一执行的标准。国家标准的代号是GB。目前已使用的服装方面的国家标准见表5-18。

表5-18　服装方面国家标准

序号	标准代号	标准内容
1	GB/T 1335.1—2008	服装号型　男子
2	GB/T 1335.2—2008	服装号型　女子
3	GB/T 1335.3—2009	服装号型　儿童
4	GB 2660—2017	衬衫
5	GB 2662—2017	棉服装
6	GB/T 2664—2017	男西服、大衣
7	GB/T 2665—2017	女西服、大衣
8	GB/T 2666—2017	西裤
9	GB/T 2667—2017	衬衫规格

序号	标准代号	标准内容
10	GB/T 2668—2017	单服、套装规格
11	GB 6677—2008	布鞋分类
12	GB/T 14272—2021	羽绒服装
13	GB/T 14304—2019	毛呢套装规格
14	GB/T 15557—2008	服装术语

（三）行业标准和专业标准

行业标准是由主管部门批准发布的在某部门范畴内统一执行的标准。原纺织工业部发布的标准代号是FZ。目前已使用的服装方面的行业标准见表5-19。

表5-19　服装行业标准

序号	标准代号	标准内容
1	FZ/T 80001—91	水洗羽毛、羽绒试验方法
2	FZ/T 80002—2016	服装标志、包装、运输和贮存
3	FZ/T 80003—2006	纺织品与服装缝纫型式　分类和术语
`4	FZ 81001—2016	睡衣套
5	FZ 81004—2022	连衣裙、裙套
6	FZ 81005—2017	衍缝制品
7	FZ 81006—2017	牛仔服装
8	FZ/T 81007—2022	单、夹服装
9	FZ/T 81008—2021	茄克衫
10	FZ/T 81009—2014	人造毛皮服装

专业标准是由专业标准化主管机构或专业标准化组织批准发布在某专业范围内统一执行的标准，代号是ZB。目前使用的服装专业标准见表5-20。

（四）企业标准

企业标准是企业或其上级有关机构批准发布的标准。

（五）内控标准

内控标准是工厂为了不断提高产品质量，以满足用户要求和适应市场竞争的需要而制定的。企业可以制定比国家标准、行业标准和专业标准更为详尽的质量标准。内控标准常反映出某个企业产品的特色。

一般地说，国家标准往往高于国际标准，行业标准和专业标准又高于国家标准，而企业标准又高于行业标准和专业标准，内控标准的要求则是最高的。

表5-20 服装专业标准

序号	标准代号	标准内容
1	ZBY 75001—2012	服装成品名词术语
2	ZBY 75002—2012	服装成品部位部件名词术语
3	ZBY 75003—2012	服装设计制图名词术语
4	ZBY 75004—2014	服装工艺操作名词术语
5	ZBY 75005—2014	服装成品缺陷名词术语
6	ZBY 75006—2014	服装工具名词术语
7	ZBY 75014—2014	毛呢服装检验方法
8	ZBY 75015—2014	使用粘合衬服装剥高强度测试方法
9	ZBY 75016—2017	使用粘合衬服装硬挺度测试方法
10	ZBY 75017—2017	使用粘合衬服装耐水洗测试方法
11	ZBY 75018—2017	使用粘合衬服装耐干洗测试方法

参考文献

［1］曹文，李春田，贾风永．IE标准化在服装工业中的应用[M]．北京：中国纺织出版社，1998．

［2］刘国联．服装厂技术管理[M]．北京：中国纺织出版社，1999．

［3］顾韵芬．服装概论[M]．北京：高等教育出版社，2003．

［4］冯翼，包昌法，张文斌，等．服装技术手册[M]．上海：上海科学技术文献出版社，2004．